**감각적인 PPT 템플릿으로
단숨에 실력을 업그레이드하는 디자인 실무 비법**

파워포인트 디자인 실무 강의 with 신프로

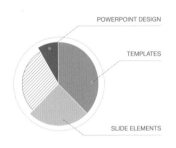

POWERPOINT DESIGN

TEMPLATES

SLIDE ELEMENTS

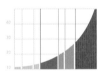

신강식(신프로) 지음

한빛미디어
Hanbit Media, Inc.

지은이 신강식(신프로)

프레젠테이션 디자인 전문회사 파파타팩토리와 PPT 템플릿 마켓플레이스 파파타랩스의 대표입니다. 신문방송학과를 졸업하고 광고대행사와 기업 기획팀을 거치면서 실무에서 10년 이상 파워포인트 경력을 쌓았습니다. 파파타랩스를 통해 다양한 무료 템플릿과 파워포인트 관련 자료를 제공하고 있으며, 파워포인트를 멋지고 보기 좋게 만들어 좋은 성과를 내고 싶은 학생, 직장인을 위해 도움이 될 수 있는 서비스를 만들기 위해 노력하고 있습니다. 대학과 기업에서 파워포인트 전문 노하우를 전수하고 있으며 창업 관련 사업에도 디자인 전문가로 참여하여 스타트업 기업의 투자 제안서 작성 등을 돕고 있습니다. 동아방송예술대학 광고제작과 강사로 재직했고, 한양대, 동국대, 경희대, 연세대 등 대학 특강, 삼성, SK, 구글, 서울시 등 글로벌 기업 및 기관 특강, 휴넷/인텔릭 이러닝 교육 등을 다수 진행했습니다.

- 건국대학교 신문방송학과 학사
- 서강대학교 언론대학원 광고홍보 석사
- 주식회사 파파타랩스 대표
- 파파타팩토리 대표
- 믹인터네셔널 대표

프레젠테이션 디자인 에이전시 파파타팩토리 www.papatafactory.com
파워포인트 마켓플레이스 파파타랩스 www.papatalabs.com
파워포인트 디자인 제작 및 특강 문의 pptfactory@naver.com

파워포인트 디자인 실무 강의 with 신프로

초판 1쇄 발행 2022년 01월 05일
초판 2쇄 발행 2024년 04월 26일

지은이 신강식(신프로) / **펴낸이** 전태호
펴낸곳 한빛미디어(주) / **주소** 서울특별시 서대문구 연희로 2길 62 한빛미디어(주) IT출판1부
전화 02-325-5544 / **팩스** 02-336-7124
등록 1999년 6월 24일 제25100-2017-000058호 / **ISBN** 979-11-6224-508-8 13000

총괄 배윤미 / **책임편집** 장용희 / **기획편집** 박지수 / **교정** 신꽃다미
디자인 표지 이아란 내지 윤혜원 / **전산편집** 김보경
영업 김형진, 장경환, 조유미 / **마케팅** 박상용, 한종진, 이행은, 김선아, 고광일, 성화정, 김한솔 / **제작** 박성우, 김정우

이 책에 대한 의견이나 오탈자 및 잘못된 내용은 출판사 홈페이지나 아래 이메일로 알려주십시오.
파본은 구매처에서 교환하실 수 있습니다. 책값은 뒤표지에 표시되어 있습니다.
한빛미디어 홈페이지 www.hanbit.co.kr / 이메일 ask@hanbit.co.kr / 자료실 www.hanbit.co.kr/src/10508

지금 하지 않으면 할 수 없는 일이 있습니다.
책으로 펴내고 싶은 아이디어나 원고를 메일 (writer@hanbit.co.kr) 로 보내주세요.
한빛미디어(주)는 여러분의 소중한 경험과 지식을 기다리고 있습니다.

파워포인트 전문가와 함께 배우는 파워포인트 디자인 강의

"파워포인트에는 수많은 기능이 있고 활용법도 다양합니다. 기본 기능이라도 어떻게 활용하느냐에 따라 무궁무진한 결과를 얻을 수 있습니다."

똑같은 기능을 사용해도 왜 다른 결과물이 나올까?

누구나 프레젠테이션을 제작하면서 생각과 아이디어를 효과적으로 전달하고 아름다운 디자인을 만들고 싶어합니다. 하지만 머릿속의 생각을 시각적으로 완성도 있게 구현하는 것은 생각만큼 쉽지 않습니다.

잘 만들어진 프레젠테이션을 보면 특별한 기능을 사용했거나 남다른 비결이 있는 것처럼 보입니다. 그리고 자신의 프레젠테이션이 만족스럽지 않은 이유는 파워포인트의 기능을 다 알지 못해서, 또는 디자인 감각이 부족하거나 작업 시간이 충분하지 않아서라고 생각할 수 있습니다. 하지만 프레젠테이션에 담을 내용을 정리하는 방법과 조금 더 효율적으로 디자인하는 방법을 익힌다면 누구나 훌륭한 결과물을 완성할 수 있습니다.

이 책은 필자가 파워포인트 전문가로 활동하며 체득한 노하우를 담은 안내서입니다. 누구나 조금 더 쉽고, 빠르고, 효과적인 방법으로 프레젠테이션을 디자인할 수 있도록 설명하고자 했습니다. 왜 같은 기능을 사용해도 다른 결과물이 나오는지, 전문 디자이너의 결과물은 왜 다른지 알 수 있을 것입니다. 여러분의 노력이 헛되지 않게, 멋지고 파워풀한 디자인으로 좋은 성과를 거둘 수 있기를 바랍니다.

학생이나 직장인이라면 파워포인트를 필수로 다룰 수 있어야 합니다. 시간이 흐를수록 파워포인트를 이용해 작업해야 하는 문서의 종류가 많아집니다. 코로나19로 인해 비대면 화상회의나 강의에 프레젠테이션하는 상황도 많아지면서 파워포인트는 다시 배워야 하는 도구가 되었습니다. 거기에 더해 프레젠테이션을 논리적이고 설득력 있게 만드는 것은 물론, 내용을 효과적으로 전달할 수 있는 보기 좋은 디자인까지 더해야만 치열한 경쟁에서 돋보일 수 있습니다.

필자는 디자인 전공자가 아니며, 이 일을 시작하기 전에는 제대로 배운 적도 없습니다. 하지만 지금은 누구보다 완성도 높게 파워포인트를 디자인할 자신이 있습니다. 십 년 넘게 수많은 제안서와 기획서를 만들면서 노하우를 쌓아왔기 때문입니다. 그 노하우를 차근차근 풀어보려고 합니다. 신프로의 노하우에 여러분의 창의력과 응용력을 더하면 파워포인트 디자인 실력은 날로 발전할 것입니다.

내용과 디자인의 중요도는 5:5

파워포인트 디자인을 주제로 강의하다 보면 디자인과 내용 중 어느 것이 더 중요한지에 대한 질문을 종종 받습니다. 몇 년 전만 하더라도 내용이 더 중요하다고 이야기했습니다. 하지만 지금은 둘 다 똑같이 중요하다고 말합니다. 많은 사람이 이미 만들어진 템플릿을 다운로드해 쓰거나 동료, 친구가 만들어놓은 디자인에 내용을 입력해 문서를 완성합니다. 필자도 처음에는 다른 사람이 만든 템플릿을 적용해 문서를 만들곤 했습니다. 이처럼 많은 사람이 내용도 준비하지 않은 상태에서 디자인을 먼저 선택하고, 디자인에 맞춰 내용을 채워 넣는 '잘못된' 순서로 작업합니다.

내용과 디자인이 똑같이 중요하다고 해서 준비하는 데에도 동등한 시간을 들여야 한다는 말은 아닙니다. 내용을 충실하게 쌓는 것이 먼저입니다. 예를 들어 전체 준비 시간이 열 시간이라면 최소한 일곱 시간은 내용에 집중해야 합니다. 그 다음 남은 세 시간 동안 내용에 맞추어 디자인을 작업해야 합니다. 디자인에 많은 시간을 쏟으면 내용을 허술하게 채우게 되어 겉만 번드레한 결과물이 될 가능성이 높습니다. 내용을 만드는 데 시간을 충분히 투자해 핵심을 간추리고, 전달하려는 메시지에 따라 어떤 이미지를 사용하고 어떻게 디자인하면 좋을지 고민한 다음에 본격적으로 디자인해야 합니다.

내용, 즉 '핵심 메시지'를 더욱 설득력 있게 표현하고 이해를 높이도록 도움을 주는 것이 디자인입니다. 메시지에 힘을 실을 수 있도록 관련 이미지나 최적의 도식/도해를 사용해 디자인하고, 레이아웃이나 색상 등을 적절하게 사용해 전체 문서의 분위기와 느낌을 맞추는 것입니다. **디자인은 내용에서 출발한다**는 사실을 반드시 기억해야 합니다.

프레젠테이션 목적을 고려하라

내용과 디자인의 적절한 시간 분배와 더불어 고려할 사항이 두 가지 더 있습니다. 첫 번째는 용도입니다. 즉, 내가 만드는 문서를 어떤 목적으로 어디에 쓸 것인지를 정확히 파악하는 것입니다. 용도는 크게 '발표 자료'와 '제출 자료'로 나눌 수 있습니다.

발표 자료라면 핵심 메시지만 간략하고 명료하게 전달해 청중이 발표자의 이야기에 집중할 수 있도록 만듭니다. 슬라이드 내용이 지나치게 자세하거나 빼곡하면 청중은 슬라이드에 담긴 글을 읽느라 발표에 집중하지 못합니다. 제출 자료는 전자우편으로 보내거나 인쇄해서 우편으로 또는 만나서 전달합니다. 옆에서 직접 설명할 수 없으므로 자료만 보고도 내용을 쉽게 이해할 수 있도록 구체적인 내용을 포함해서 만들어야 의도를 정확하게 전달할 수 있습니다.

한 프로젝트에 발표 자료와 제출 자료가 모두 필요하다면 제출 자료를 먼저 만들고, 거기에서 내용을 발췌해 발표 자료를 만드는 것이 순서입니다. 또한 자료를 제출하기 전에 반드시 인쇄해서 글자 크기가 적당한지, 가독성이 떨어지지는 않는지, 표현한 색상이 모니터 색상과 이질감은 없는지, 색상을 과하게 써서 프린터 잉크를 낭비하지는 않는지 등을 확인해야 합니다.

프레젠테이션 대상 또한 고려하라

두 번째로 고려할 사항은 대상입니다. 이 문서를 어떤 사람이 주로 볼 것인지 생각해야 합니다. 눈이 나쁜 상사에게 글자 크기를 깨알같이 써서 제출하면 드라마에서 본 장면처럼 문서가 여러분의 얼굴을 향해 날아올지도 모릅니다. 좀 더 전략적으로 사고한다면 상대방의 취향까지 고려합니다. 문서를 볼 사람이 어떤 레이아웃과 색상을 좋아하는지 등을 잘 살펴 적용하는 것도 요령입니다.

본인이 직접 사용하는 것이 아니라 외부 고객에게 보내야 하는 작업이라면 고객이 의도하는 바를 정확히 확인해야 합니다. 또한 기업/단체의 로고, 폰트, 색상 규정 등을 정확히 적용해야 하는데, 이런 규정은 대부분 해당 기업/단체의 홈페이지에서 쉽게 확인할 수 있습니다.

지금까지 본격적으로 파워포인트 디자인을 시작하기에 앞서 염두에 둬야 할 사항을 알아보았습니다. 이제 책을 살펴보면서 좀 더 효과적으로 완성도 높은 디자인을 구현하기 위해 반복 학습할 때입니다.

Thanks To

이 책이 나오기까지 항상 곁에서 응원해주고 믿어주는 내꺼 중에 최고 아내 조블리, 내 삶의 종합 비타민 소중한 딸 다현이, 묵묵히 응원해주신 사랑하는 부모님, 언제나 보고 싶은 아버지, 가족과 친지 여러분, 가까이서 응원해주고 즐거움을 함께하는 에이블 친구들과 파파타 식구들, 나의 친구들에게 감사 인사를 전합니다. 또한 이 책을 보고 있는 모든 분이 파워포인트 디자인을 성공적으로 마칠 수 있기를 응원합니다.

2022년 1월 신강식(신프로)

LESSON

01

텍스트를 강조하는 다섯 가지 방법

파워포인트로 문서를 만들 때 가장 많은 부분을 차지하는 것이 텍스트입니다. 그만큼 텍스트를 잘 활용할 수 있어야 합니다. 화려하고 현란한 기법을 사용하지 않고 텍스트를 깔끔하게 배치하고 강조하는 것만으로도 충분히 훌륭한 문서를 만들 수 있습니다.

텍스트를 강조하는 방법은 매우 다양합니다. 간편하면서도 텍스트를 효율적으로 강조할 수 있는 대표적인 방법 다섯 가지를 살펴보겠습니다. 눈에 띄는 디자인을 하고자 할 때 단번에 이목을 끄는 화려하고 현란한 디자인을 떠올리기 쉽습니다. 하지만 현란한 디자인은 오히려 시각의 흐름을 방해해 가독성을 떨어뜨릴 수 있습니다. 그렇다면 어떻게 해야 할까요? 흔히 볼 수 있는 포털사이트 배너 광고나 포스터 디자인을 보면 텍스트를 어떻게 효과적으로 강조하는지 파악할 수 있습니다.

다양한 텍스트 강조 사례

056 CHAPTER 02 핵심 포인트로 끝내는 파워포인트 디자인

LESSON

파워포인트로 디자인 작업을 할 때 반드시 알아야 할 핵심 기능과 다양한 기능 활용 방법을 소개합니다. 저자의 풍부한 경험과 친절한 설명으로 파워포인트 디자인을 더욱 쉽고 빠르게 배울 수 있습니다.

도형 병합과 다른 기능으로 효과 만들기

 쉽고 빠른 예제 따라 하기 　예제 파일 | CHAPTER02\0014.pptx

Quick Guide 도형 편집

도넛 도형 복제 ▶ 직사각형 도형 삽입 ▶ [도형 서식] 탭-[도형 삽입] 그룹-[도형 병합]-[빼기 **⊕**] 클릭 ▶ 그림 먼저 선택하고 **Shift** 누른 상태에서 병합된 도형 선택 ▶ [도형 서식] 탭-[도형 삽입] 그룹-[도형 병합]-[교차 **⊕**] 클릭 ▶ [그림 서식] 탭-[조정] 그룹-[색]-[배경색 2 밝게] 클릭 ▶ [그림 서식] 탭-[조정] 그룹-[투명도]-[투명도: 15%] 클릭

01 ❶ 예제 파일을 열고 3번 슬라이드를 선택합니다. ❷ 슬라이드에 삽입된 도넛 도형을 선택하고 **Ctrl** + **D** 를 눌러 복제합니다.

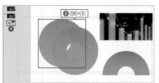

TIP **Ctrl** 을 누른 상태에서 도형을 드래그해 복제할 수도 있습니다.

TIP 이번 예제에는 네이버 나눔스퀘어 폰트가 사용되었습니다. 나눔스퀘어 폰트는 네이버 폰트에서 다운로드할 수 있습니다. 다운로드 주소 : https://hangeul.naver.com/2017/nanum

02 ❶ 복제한 도넛 도형을 한쪽으로 옮겨둡니다. ❷ 도넛 도형의 절반 크기 사각형 도형을 도넛 도형 하단에 닿히도록 삽입합니다. ❸ 두 도형을 동시에 선택한 후 ❹ [도형 서식] 탭-[도형 삽입] 그룹-[도형 병합]-[빼기 **⊕**]를 클릭합니다.

LESSON 03 다양만으로 유용한 도형 활용하기 089

쉽고 빠른 예제 따라 하기

파워포인트의 디자인 핵심 기능을 예제 파일과 함께 직접 따라 하며 학습할 수 있습니다.

Quick Guide

기능의 활용 방법과 실행 경로를 더욱 알기 쉽고 간단하게 알려드립니다.

Tip

실습을 진행하며 헷갈리기 쉬운 부분이나 기능 활용에 유용한 팁을 수록했습니다.

신프로 특강

파워포인트를 다루는 데 필요한 기본 개념이나 따라하기 실습 과정에서 알면 좋은 활용 방법, 디자인 기능 등 파워포인트 전문가의 노하우를 알려줍니다.

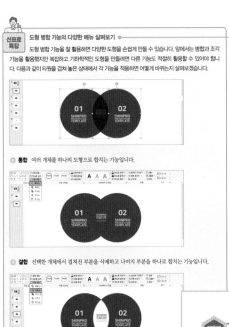

신프로 특강
도형 병합 기능의 다양한 메뉴 살펴보기

도형 병합 기능을 잘 활용하면 다양한 도형을 손쉽게 만들 수 있습니다. 앞에서는 병합과 조각 기능을 활용했지만 복잡하고 기하학적인 도형을 만들려면 다른 기능도 적절히 활용할 수 있어야 합니다. 다음과 같이 타원을 겹쳐 놓은 상태에서 각 기능을 적용하면 어떻게 바뀌는지 살펴보겠습니다.

● 통합 여러 개체를 하나의 도형으로 합치는 기능입니다.

● 결합 선택한 개체에서 겹쳐진 부분을 삭제하고 나머지 부분을 하나로 합치는 기능입니다.

교집합 도식을 표현하려면 도형 채우기 투명도를 이용할 수도 있습니다. 투명도를 겹치면 겹쳐진 부분의 색이 짙어지는 특징을 이용하는 방법입니다. 결합 기능을

LESSON 03 다양한

PROJECT

실제 파워포인트 디자인 작업과 유사한 실무 프로젝트 예제로 파워포인트를 이용해 다양한 디자인 실무 활용 방법을 학습할 수 있습니다.

PROJECT

04

성과를 어필하는 포트폴리오 디자인하기

학생이라면 취업을 준비할 때, 직장인이라면 이직이나 재취업을 준비할 때 자신의 능력이나 지금까지 성과를 정리하는 포트폴리오를 준비해야 합니다. 포트폴리오는 입사할 때가 아니더라도 클라이언트에게 보내야 하는 경우도 있고 디자인 회사라면 고객에게 포트폴리오 자체를 만들어 달라는 의뢰를 받을 수도 있습니다.

독창적이면서 명료한 포트폴리오

포트폴리오(Portfolio)는 자신의 실력을 보여줄 수 있는 작품이나 관련 자료를 모아 정리한 문서입니다. 이러한 이유로 자료 보관함 또는 서류 가방이라는 뜻을 포함하고 있습니다. 포트폴리오는 기본적으로 자신의 이력이나 능력이 부각되도록 작성해야 합니다. 더불어 다른 경쟁자의 포트폴리오보다 한 번 더 보고 싶도록 디자인도 우수하고 차별화되어야 합니다. 독창적이면서도 명료하게 디자인하는 것이 관건입니다.

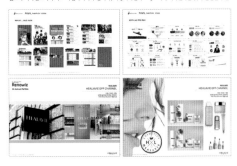

템플릿 디자인

프로젝트 예제를 진행하기 전 어떤 부분을 중요하게 작업해야 하는지, 어떤 계획에 따라 디자인을 계획해야 하는지 확인할 수 있습니다.

완성 예시

프로젝트 예제를 통해 완성할 템플릿 디자인을 미리 확인하고 예제 파일을 활용해 실습을 진행합니다.

템플릿 디자인 | **포트폴리오 디자인**

고객이 포트폴리오를 요청했다고 가정하겠습니다. 미처 포트폴리오를 준비하지 못했지만 빠르게 만들어 보내야 합니다. 파파바패토리를 믿고 작업을 의뢰할 수 있도록 여러 성과 중 성공적이었던 사례를 묶어 포트폴리오로 디자인해보겠습니다.

◎ **콘셉트** 직사각형과 위쪽이 둥근 사각형을 이용해 디자인으로 활용할 도형을 만들고 텍스트를 배치하는 방법으로 심플하게 구성합니다. 도형의 색상과 형태는 문서의 내용이나 목적에 맞게 디자인하면 더욱 좋습니다.

◎ **색상** 배경색을 포함해 네 가지 색상을 활용하여 배경을 꾸밉니다. 작성해야 할 내용이 많을 때 각 내용을 도식화하고 색으로 구분 짓기에도 적당합니다.

[색1 R251/G130/B111] [색2 R3/G20/B128] [색3 R234/G232/B235] [색4 R217/G217/B217]

◎ **레이아웃** 슬라이드 크기는 인쇄하기도 좋고 화면으로 봐도 편안한 A4 용지 가로 방향으로 설정합니다. 포트폴리오 표지가 될 제목 슬라이드의 레이아웃은 위아 아래, 중간에 타이틀을 배치하도록 구성합니다. 포트폴리오 디자인을 배치할 본문 슬라이드의 레이아웃은 디자인 결과물의 배치 영역을 고려하여 구성합니다.

완성 예시

완성 파일 | CHAPTER04\0006[완성].pptx

STEP 01 | **섬네일 배경 디자인하기**

01 우선 16:9 비율의 슬라이드를 준비합니다. 파워포인트 2013 이후 버전부터 새 파일을 만들면 자동으로 16:9 비율의 슬라이드가 만들어집니다. [디자인] 탭-[사용자 지정] 그룹-[와이드스크린(16:9)]를 클릭하면 16:9 비율의 슬라이드로 작업할 수 있습니다.

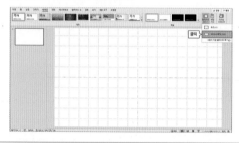

STEP

프로젝트 예제를 STEP 단계로 나누어 실제 업무 프로세스와 동일하게 실습을 진행할 수 있습니다.

02 배경 이미지를 삽입하겠습니다. ① 예제로 제공되는 **CHAPTER04\img\img0004.jpg** 이미지를 삽입하고 ② 슬라이드에 맞게 배치한 후 슬라이드 영역 밖으로 빠져나간 부분은 자르기 기능을 이용하여 자릅니다.

예제 파일 다운로드

신프로의 파워포인트 디자인 예제&템플릿 다운로드하기

이 책에 사용된 모든 실습 및 완성 예제 파일, 파워포인트 템플릿 자료는 한빛미디어 홈페이지(www.hanbit.co.kr/media) 에서 다운로드할 수 있습니다. 예제 파일은 따라 하기를 진행할 때마다 사용되므로 컴퓨터에 복사해두고 활용합니다.

1 한빛미디어 홈페이지(www.hanbit. co.kr/media)로 접속합니다. 로그인 후 화면 오른쪽 아래에 [자료실] 버튼을 클릭합니다.

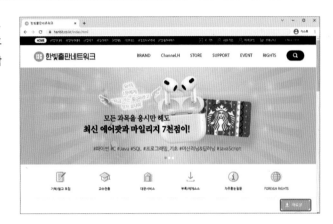

2 자료실 도서 검색란에서 도서명을 검색하고, 찾는 도서가 나타나면 [예제소스] 버튼을 클릭합니다.

3 다운로드한 예제 파일의 압축을 해제하여 실습에 활용합니다.

다운로드한 예제 파일은 일반적으로 [다운로드] 폴더에 저장되며, 사용하는 웹 브라우저 설정에 따라 다를 수 있습니다.

PROJECT 01 파워포인트 슬라이드 템플릿 디자인하기

 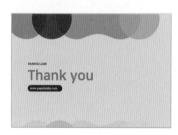

▶ 173p

  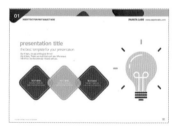

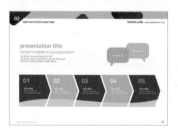 

▶ 184p

PROJECT 02 카드 뉴스 디자인하기

▶ 201p

▶ 212p

PROJECT 03 내 프로필 디자인하기 ◉ 214p

PROJECT 04 성과를 어필하는 포트폴리오 디자인하기 ◉ 219p

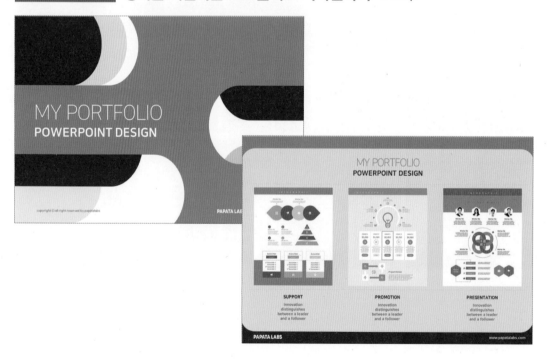

PROJECT 05 홍보용 포스터 디자인하기 ◉ 228p

PROJECT 06 브랜드를 대표하는 **SNS** 커버, 섬네일 이미지 만들기

◉ 235p

◉ 241p

PROJECT 07 빠르게 정보를 전달하는 인포그래픽 ◑ 248p

PROJECT 08 행사 진행의 필수품 네임 카드 만들기 ◑ 266p

신프로의 파워포인트 무료 제공 디자인 템플릿

실제 프레젠테이션에서 활용 가능한 30종의 파워포인트 디자인 템플릿을 무료로 제공합니다. 저자가 직접 제작한 템플릿으로 프레젠테이션은 물론, 디자인 사례로 참고할 수 있습니다. 템플릿 파일은 예제 파일의 **Temp 폴더**에서 확인할 수 있습니다. 다음에 소개하는 미리 보기 외에도 다양한 템플릿이 준비되어 있습니다. 직접 다운로드해 확인해보세요!

🔽 Temp\01

🔽 Temp\02

🔽 Temp\03

🔽 Temp\04

🔽 Temp\05

🔽 Temp\06

Temp\07

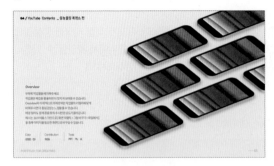

Temp\08

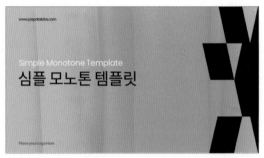

Temp\10

Temp\11

Temp\12

Temp\14

목차

CHAPTER 01 이것만 알아도 기본기는 끝, 파워포인트 디자인 준비하기

CHAPTER 02 핵심 포인트로 끝내는 파워포인트 디자인

목차

CHAPTER 05 · 파워포인트 사용 능력 향상하기

CHAPTER

01

이것만 알아도 기본기는 끝, 파워포인트 디자인 준비하기

문서를 만드는 목적, 문서에 담아야 할 핵심 메시지, 문서의 용도와 대상을 정하고 거기에 맞는 자료 수집을 마쳐야 비로소 파워포인트 디자인 작업을 시작할 수 있습니다. 하지만 본격적으로 파워포인트 디자인을 작업을 시작하려면 그 전에 거쳐야 하는 몇 가지 과정이 있습니다. 신프로만의 파워포인트 디자인을 위한 7단계 준비 과정을 살펴본 후 파워포인트 기본 설정 방법을 알아보겠습니다.

파워포인트 디자인을 위한 7단계 준비 과정

파워포인트 디자인을 위한 7단계 준비 과정은 신프로만의 문서 작성법을 일곱 단계로 나누어 정리한 것입니다. 스퀘어맵 작업 준비하기, 목적/목표/주제에 맞는 목차 구성하기, 정보&자료 수집하기, 자료 정리하기, 도식화/이미지 고민하기, 이미지/폰트/색상 정하기, 파워포인트 실행 및 저장하기 순서입니다.

문서의 흐름을 쉽게 정리하는 방법

파워포인트로 작업하는 문서의 종류는 다양합니다. 대부분의 일터와 학교에서 상황과 목적에 따라 보고서, 회사 소개 자료, 강의안, 제안서, 사업 계획서 등 수많은 결과물을 만듭니다. 목표에 따라 문서의 방향을 정하고 적절한 흐름을 잡아 문서를 작성하고 디자인합니다. 여기서 가장 중요한 것은 서론/본론/결론이나 기/승/전/결과 같이 글을 전개하는 흐름을 명확히 함으로써 문서의 내용을 충분히 이해할 수 있게 작성하는 것입니다. 목차를 작성하고 문서의 흐름을 쉽고 빠르게 만드는 방법이 있습니다. 아래의 세 가지 내용을 잘 생각해보고 가장 효과적인 순서로 정리하면 간단히 해결할 수 있습니다.

◎ **As-is** 현재 상황을 파악합니다. 문제가 무엇인지, 개선해야 할 사항이 무엇인지, 해결할 불편함이 있는지 등 문서를 작성하는 이유를 고민해봅니다.

◎ **To-be** 이상적인 미래의 모습을 제시합니다. 문제를 해결하고 불편함을 해소해 개선될 사항을 적시하면서 해결책을 통해 어떤 모습으로 변화할 것인지 알립니다. 미래의 기대효과를 제시해도 좋습니다.

◎ **Solution** 이상적인 미래를 위해 개선할 사항을 구체적으로 제시합니다. 실행 가능한 해결책, 계획과 제안 내용 위주로 작성합니다.

이렇게 세 가지 내용을 기억하고 보고서에 따라 순서를 조합해봅니다. 배치되는 내용의 선후 관계에 맞게 스토리텔링을 활용하면 좋습니다.

◎ **A→S→T** 문제 제시→해결 방안→미래 모습
우리는 현재 이런 문제를 겪고 있습니다. 이러한 구체적 방법들을 통해 멋진 미래로 나아가겠습니다.

◎ **T→A→S** 미래 모습→문제 제시→해결 방안
우리의 미래는 이렇게 밝습니다. 하지만 현재는 너무 많은 난관을 겪고 있습니다. 그래서 이러한 해결 방안을 제시합니다.

◎ **A→T→S** 문제 제시→미래 모습→해결 방안
우리는 이러한 현실에 있습니다. 하지만 이런 변화로 멋진 미래로 나아갈 수 있습니다. 그 방법은 다음과 같습니다.

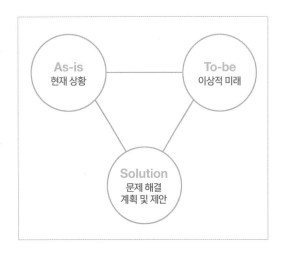

파워포인트 제작 7단계 준비 과정

◎ **1단계 : 스퀘어맵 작업 준비하기**   스퀘어맵을 작성할 종이와 필기구를 준비합니다. 종이는 본인이 쓰기 편한 것이라면 무엇이든 상관없습니다. 필기구는 수정하기 쉬운 연필을 기본으로 쓰고 강조하거나 구분해야 할 부분에 쓸 수 있도록 색상 펜이나 마커 등을 준비하면 좋습니다. 그런 다음 종이에 각 슬라이드에 해당하는 네모 칸을 그립니다. 이 네모 칸은 앞으로 작업할 슬라이드의 기초이며, 파워포인트에 입력할 아이디어와 생각을 정리할 공간입니다.

Tip 스퀘어맵 작업은 종이에 파워포인트 슬라이드 모양으로 네모 칸을 그리고, 파워포인트에 담을 내용을 미리 구상해보는 과정입니다.

◎ **2단계 : 목적/목표/주제에 맞는 목차 구성하기**   목차 구성에는 정답이 없습니다. 어떤 프로젝트냐에 따라 달라질 수 있기 때문입니다. 사업 계획이든 광고 기획이든 담아야 할 내용과 목차가 어느 정도 정해져 있는 프로젝트여도 순서나 흐름은 작성자의 의도에 따라 달라질 수 있습니다. 목차를 처음 구성할 때는 대략적으로 목차를 정한 후 슬라이드를 몇 장으로 구성할지 정하는 것이 중요합니다. 목차의 윤곽이 잡히면 구성한 목차를 스퀘어맵에 슬라이드 제목으로 적어봅니다.

◎ **3단계 : 정보&자료 수집하기**   각 슬라이드에 내용을 채우려면 다양한 정보를 알고 있어야 합니다. 뉴스 기사, 통계 자료, 자체 조사, 인터뷰, 사진 촬영 등을 통해 자료를 수집하고 학습해야 합니다. 이 과정을 거쳐야 내용으로 탄탄하게 쌓을 수 있습니다. 필자는 참고 자료 폴더를 따로 만들어 인터넷에서 수집한 자료를 보관합니다. 프로젝트에 따라 필요한 자료를 출력하고 발췌할 내용이나 참고할 정보 등을 형광펜으로 표시하면서 정리합니다.

◯ **4단계 : 자료 정리하기** 3단계에서 수집한 방대한 자료에서 프로젝트에 필요한 자료로만 '넣고, 빼고, 채우고, 줄이는' 작업을 해야 합니다. 조사한 자료나 정보를 모두 사용할 수도 없거니와 그대로 사용하기 힘든 경우도 많기 때문입니다. 꼭 필요한 자료나 내용만 간추리고 부족하면 추가로 조사하여 보강합니다. 자료를 잘 정리해야 내용을 효과적이고 구체적으로 전달할 수 있습니다.

◯ **5단계 : 도식화&이미지 고민하기** 전달하려는 내용을 청중이 더 쉽게 이해할 수 있도록 구성하고 고민해야 합니다. 글로만 표현된 자료라면 이미지를 사용하여 내용을 직관적으로 이해할 수 있도록 돕고, 구조를 도식으로 표현하여 더 쉽게 이해할 수 있도록 만들어야 합니다. 충분히 고민한 다음에 도식을 만들어야 작업 속도도 빨라지고 능률도 높아집니다.

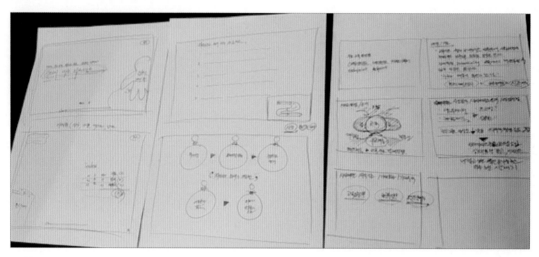

스퀘어맵 사례 : 도식화

◯ **6단계 : 이미지/폰트/색상 정하기** 1~5단계를 거쳐 스퀘어맵을 정리했다면 정리한 내용을 바탕으로 메시지를 최대한 효과적으로 전달할 수 있는 이미지를 찾습니다. 이미지는 상황별로 여러 개를 확보해야 유동적으로 활용할 수 있습니다. 예를 들어 '사랑'이라는 메시지를 강조하고 싶을 때 단순히 하트 모양 아이콘을 활용할 수도 있지만 상황에 맞게 연인, 부부, 가족 사진을 이용해 메시지에 강력한 힘을 실을 수도 있습니다. 일단은 이미지를 여러 개 확보한 상태에서 작업하며 최적의 이미지를 선택합니다. 이미지를 모두 찾았다면 파워포인트 문서에 사용할 폰트와 전체 콘셉트에 맞는 색상을 고민합니다.

◯ **7단계 : 파워포인트 실행 및 저장하기** 본격적인 작업을 위해 파워포인트를 실행합니다. 파워포인트를 실행하고 가장 먼저 할 일은 보험을 드는 일입니다. 여기서 말하는 보험은 자료 유실을 막기 위한 절차를 말합니다. 첫 번째 보험은 자동 복구 정보 저장 간격을 설정하여 자료를 저장하는 것이고, 두 번째 보험은 파일명에 버전을 표시하여 저장하는 것입니다. 매번 같은 파일에 덮어씌우며 저장하지 않고 다른 이름으로 저장 기능으로 파일을 추가하여 저장하는 방식을 말합니다. 이런 절차대로 작업하면 치명적인 오류가 생겼을 때 자료 유실을 최소로 줄일 수 있고 복구하는 데 큰 도움이 됩니다.

다음은 7단계 과정을 거쳐 나온 실제 스퀘어맵입니다. 본인이 잘 알아볼 수 있으면 되므로 반듯하고 깔끔하게 정리하려고 애쓰지 않아도 됩니다. A4 용지를 세로 방향으로 놓고 사각형 두 개를 그리면 적당합니다. 슬라이드를 한눈에 보고 싶다면 조금 작게 그려 여섯 개 정도 배치해도 좋습니다.

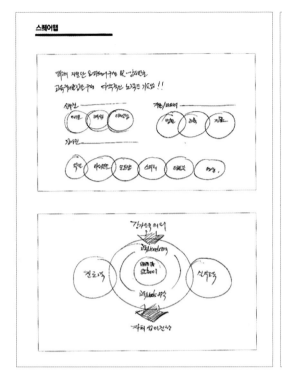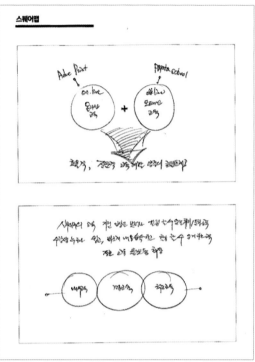

실제 스퀘어맵 사례

파워포인트 문서의 서식, 템플릿 알아보기

템플릿은 파워포인트 문서의 기본 디자인이 되는 서식으로 '테마'라고도 부릅니다. 대개 배경 디자인과 레이아웃을 완성하고 각 슬라이드 특성에 맞춰 세부적으로 작업합니다. 템플릿을 만들기 전에는 디자인이나 레이아웃에 참고할 자료를 찾아 영감을 얻는 것이 좋습니다.

참고 사이트에서 영감 얻기

파워포인트를 디자인하기 위해 꼭 파워포인트 사례만 찾아 참고할 필요는 없습니다. 포스터, 웹 디자인, 편집 디자인 등 다양한 디자인 사례를 참고해 영감을 얻을 수 있습니다. 여기에 소개하는 사이트에서 파워포인트 디자인에 참고할 만한 부분을 찾을 수 있습니다. 디자인을 통해 영감을 얻고, 색상을 참고하여 파워포인트를 더욱 다채롭게 디자인할 수 있기를 바랍니다.

◯ **파파타팩토리** 파워포인트 디자인 에이전시입니다. 실제 정부나 기업에서 사용하는 자료를 확인할 수 있고 전문가들은 어떻게 디자인하는지 엿볼 수 있습니다.

파파타팩토리 www.papatafactory.com

○ **파파타랩스** PPT 템플릿 플랫폼인 파파타랩스는 전문 PPT 디자이너들의 다양한 작품과 프리랜서 디자이너들의 작품을 확인하고 둘러볼 수 있어 영감을 얻거나 최신 트렌드를 확인하기 좋습니다. 소개된 PPT 템플릿을 구매할 수 있으므로 작업에 활용하기도 편리합니다.

파파타랩스 www.papatalabs.com

○ **핀터레스트** 이미지 공유/검색 웹 사이트입니다. 많은 사람이 작업물을 이미지로 공유하여 원하는 이미지를 스크랩하고 관리하기 좋습니다. **파워포인트** 키워드로 검색해 다양한 디자인을 확인하여 참고할 수 있습니다. 필자 역시 자주 참고하는 사이트입니다.

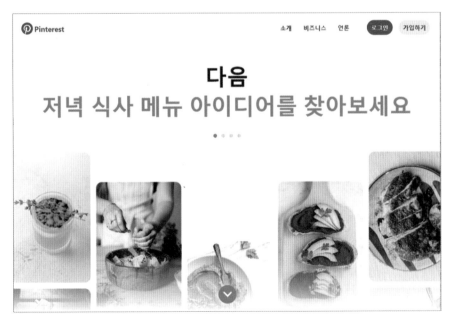

핀터레스트 www.pinterest.com

◎ **노트폴리오** 여러 분야의 디자이너들이 포트폴리오를 업로드하고 디자인 의뢰를 수주하는 사이트입니다. 파워포인트 외에도 아트워크, 영상 등 다양한 포트폴리오가 있어 디자인에 대한 영감을 얻을 수 있습니다.

노트폴리오 www.notefolio.net

◎ **비핸스** 다양한 디자인 분야의 포트폴리오를 확인할 수 있습니다. 외국의 디자인 트렌드를 확인하고 영감을 얻을 때 유용하게 참고할 수 있는 사이트입니다.

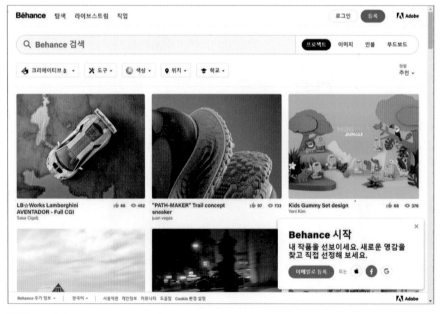

비핸스 www.behance.net

◎ **드리블** 웹 디자인, 애니메이션, 모바일, 프린트 디자인 등 다양한 디자인 분야를 모아서 참고할 수 있는 사이트입니다. 특히 [Filters]를 클릭하고 [Color]에 색상 코드를 입력하면 원하는 색상과 유사한 색상을 사용한 디자인을 검색할 수 있어 유용합니다.

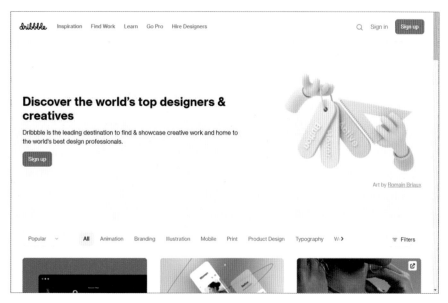

드리블 www.dribbble.com

◎ **구글 이미지** 구글 이미지에 접속한 후 **파워포인트 템플릿**으로 검색하면 디자인할 때 참고할 만한 자료가 많이 나옵니다. 작업할 문서의 특성에 맞게 적절한 키워드를 활용해서 검색하면 원하는 자료를 더 빠르게 찾을 수 있습니다. 이렇게 참고 자료를 찾은 다음 디자인을 시작하면 무작정 시작했을 때 따라오는 막막함을 어느 정도 줄일 수 있습니다.

구글 이미지 images.google.com

키워드 검색 결과

템플릿 구성 및 슬라이드별 구성 요소 파악하기

템플릿 디자인에 대한 대략적인 영감을 얻었다면 템플릿을 어떻게 구성할지 계획합니다. 보통 템플릿 레이아웃은 타이틀, 목차, 간지, 본문, 엔딩 슬라이드로 나눠 준비합니다. 각 슬라이드에 담아야 하는 요소가 무엇인지 파악하고 있다면 더 빠르게 구성할 수 있습니다. 각 슬라이드를 구성하는 요소를 살펴보겠습니다.

타이틀 슬라이드

타이틀 슬라이드는 문서 전체의 첫인상을 결정하는 첫 번째 페이지입니다. 이 슬라이드에서는 문서의 핵심적인 내용을 뽑은 메인타이틀이 가장 중요합니다. 메인타이틀은 전체 내용을 바로 알아볼 수 있도록 직관적인 문체로 작성합니다. 부제에 해당하는 서브타이틀도 함께 고민해야 합니다. 예를 들어 '파파타팩토리 사업계획서'라는 메인타이틀에 '즐겁게 꿈꾸는 미래'라는 서브타이틀로 메시지를 더욱 보강하면 완성도를 높일 수 있습니다.

문서를 누가 작성했는지도 표기해야 합니다. 개인이라면 작성자 이름을 넣고, 회사나 프로젝트 팀이라면 회사명, 로고, 팀명 등을 넣습니다. 문서 작성일이 언제인지 표기하는 것도 중요합니다. 작성한 사람의 저작권을 보호하는 저작권 문구를 넣고, 홈페이지 주소, 블로그 주소, SNS 계정 등이 있다면 따로 URL을 표시합니다.

정리하면 타이틀 슬라이드에는 메인타이틀, 서브타이틀, 로고, 날짜, 저작권 표시, URL을 넣습니다.

목차 슬라이드

파워포인트 디자인을 위한 7단계 준비 과정에서 말한 것처럼 목차를 고민하는 과정은 매우 중요합니다. 문서의 흐름을 파악하는 데 필요한 목차 슬라이드 구성 요소 중 가장 중요한 요소는 당연히 목차입니다. 한글로 '목차', '차례', '순서'라고 표기하거나 영문으로 'Index', 'Contents' 등으로 표기합니다. 목차를 구분하기 위해 아라비아 숫자 1/2/3이나 로마자 Ⅰ/Ⅱ/Ⅲ으로 표기하기도 하고, 한글로 첫째/둘째/셋째 혹은 하나/둘/셋으로 표기하기도 합니다.

목차 슬라이드는 각각의 페이지를 찾아가기 쉽게 안내하는 역할도 하지만 문서 전체의 흐름을 이해할 수 있도록 도움을 주기도 합니다. 이처럼 문서 전체의 흐름을 한눈에 볼 수 있도록 목차를 정리해놓은 페이지가 목차 슬라이드입니다. 세부 목차를 입력하는 것만으로 목차 슬라이드가 완성되는 것은 아닙니다. 추가로 작성해야 할 것이 있습니다. 바로 해당 문서의 타이틀입니다.

목차를 보면 현재 문서의 대략적인 내용을 가늠할 수 있지만 정확한 방향이나 내용은 알 수 없습니다. 청중에게 불필요한 고민의 시간을 줄 필요는 없습니다. 그러므로 타이틀 슬라이드에 들어가는 메인타이틀과 서브타이틀을 목차 슬라이드에 포함하는 것이 좋습니다. 그렇게 하면 타이틀과 더불어 목차를 확인할 수 있어 전체 문서를 이해하는 데 도움이 됩니다. 여기에 로고와 저작권 표시까지 더해 목차 페이지를 완성합니다.

정리하면 목차 슬라이드에는 목차, 타이틀, 로고, 저작권 표시를 넣습니다.

간지 슬라이드

간지 슬라이드는 본문 중간에서 흐름을 끊거나 화제를 전환하는 용도로 사용합니다. '속장'이라고 부르기도 합니다. 전체 목차가 순차적 흐름이 아니라 다양한 방식으로 구성된 경우라면 적절한 시점에서 간지를 사용하여 내용을 구분하는 것이 좋습니다. 문서 전체의 흐름을 맺고 끊는 장치로 볼 수 있습니다. 간지에는 목차에 썼던 대분류 타이틀, 로고, 저작권을 주로 넣습니다.

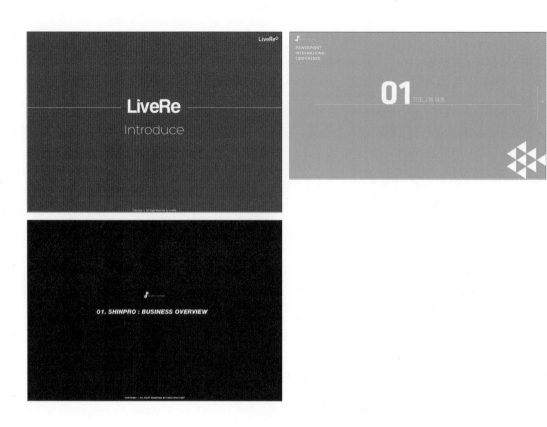

본문 슬라이드

간지 슬라이드까지 완성했다면 각 목차에 맞는 본문 슬라이드를 작성합니다. 본문 슬라이드에는 문서의 메인타이틀과 서브타이틀, 해당 목차 타이틀, 로고, 저작권 표시 등 기본 요소를 넣고 가장 중요한 메시지를 입력합니다. 본문 슬라이드에서 가장 중요한 요소이자 문서 전체를 통틀어 핵심이 되는 요소인 메시지를 이미지나 도식 등으로 강조하고 디자인하여 본문 슬라이드에 채웁니다. 단, 메시지를 강조하기 위해 지나치게 화려하고 복잡하게 디자인하면 메시지가 묻힐 수 있으니 주의합니다.

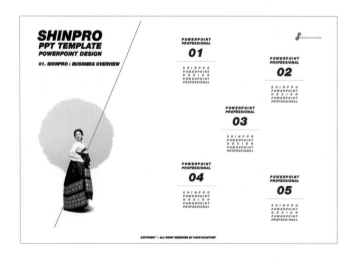

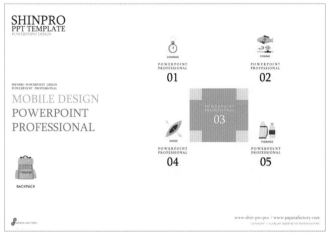

엔딩 슬라이드

엔딩 슬라이드에는 '감사합니다', 'Thank you' 등의 맺음말을 입력합니다. 문서를 마무리하는 슬라이드라고 해서 대충 작성하면 곤란합니다. 해당 문서를 끝까지 보거나 들은 것에 대한 감사 인사를 넣고 가장 중요한 핵심 메시지를 곁들이면 좋습니다. 여기에 타이틀, 로고, 저작권 표시를 추가하면 완성됩니다.

이렇게 다섯 가지 슬라이드도 템플릿을 구성하면 본격적인 디자인 작업에 들어갈 수 있습니다. 템플릿에서 타이틀, 목차, 엔딩 슬라이드는 더 이상 손댈 필요가 없지만 간지와 본문 슬라이드는 준비한 스퀘어맵에 따라 내용을 추가하고 디자인하면서 진행합니다. 따라서 전체 파워포인트 문서는 다섯 가지 슬라이드 중 간지와 본문 슬라이드가 반복되며 내용이 흐르는 구조가 됩니다.

LESSON

03

파워포인트 실행하고 디자인 준비하기

파워포인트 작업을 시작하기 전에 자료가 유실되지 않도록 보험을 들어야 합니다. 보험에 해당하는 자동 복구 정보 저장 간격 기능을 살펴보고 파일 버전을 관리하는 방법을 배워봅니다. 이어서 파워포인트 작업 환경을 사용자에게 맞게 변경하고, 본격적으로 디자인 작업을 할 수 있도록 폰트와 색상 등을 설정해보겠습니다.

자료 유실 보험, 저장하기

파워포인트를 실행했다면 가장 먼저 해야 할 일이 있습니다. 바로 저장입니다. 저장하지 않고 작업하다가 실수로 자료를 날리거나 컴퓨터 오류로 자료를 잃기도 합니다. 필자도 괜찮겠거니 생각하고 저장하지 않았다가 자료를 유실한 경우가 있었습니다. 단순한 작업이라면 그나마 낫지만 중요한 작업이거나 분초를 다투는 작업이라면 손해가 이루 말할 수 없습니다. 그런 일이 발생하지 않도록 자료 유실을 방지할 수 있는 저장 기능을 설정하길 추천합니다. Ctrl + S 로 대표되는 단순 저장 기능 외에 두 가지 저장 기능을 추가로 활용하는 것입니다.

자동 복구 정보 저장 간격 설정하기

자료 유실을 방지하는 첫 번째 방법은 자동 복구 정보 저장 간격을 설정하는 것입니다. 분 단위로 시간을 설정하면 설정한 시간마다 반복해서 자동으로 작업 내역이 저장되는 기능입니다. 기본으로 설정된 시간은 10분이지만 조금 넉넉하게 설정하는 것이 낫습니다. 문서 작업을 하다 보면 고해상도 이미지와 폰트를 함께 사용하는 경우가 많아 저장하는 데 시간이 꽤 오래 걸릴 수 있기 때문입니다. 또한 컴퓨터 앞에 앉아 집중해서 작업하다 보면 10분이 금방 지나갑니다. 한참 집중해서 작업하는데 자동 복구 정보 저장 때문에 자꾸 흐름이 끊기면 작업 효율도 떨어지고 작업 시간도 그만큼 길어집니다. 따라서 저장 간격은 넉넉하게 설정하고 작업 중간이나 자리를 비울 때는 저장 아이콘을 클릭하거나 Ctrl + S 를 눌러 저장하는 습관을 들이는 것이 좋습니다.

필자는 저장 간격을 30분으로 설정하고 작업합니다. 여기에 더해 시간이 날 때마다 한 번씩 Ctrl + S 를 눌러 저장합니다. 여러분도 자료 유실 방지 첫 번째 보험에 해당하는 자동 복구 정보 저장 간격을 설정하길 권합니다. 한 번 설정하면 다음부터는 수정한 설정 시간이 유지되어 새로운 문서를 작업할 때마다 변경할 필요도 없습니다. 자동 복구 정보 저장 간격은 다음과 같은 순서로 설정합니다.

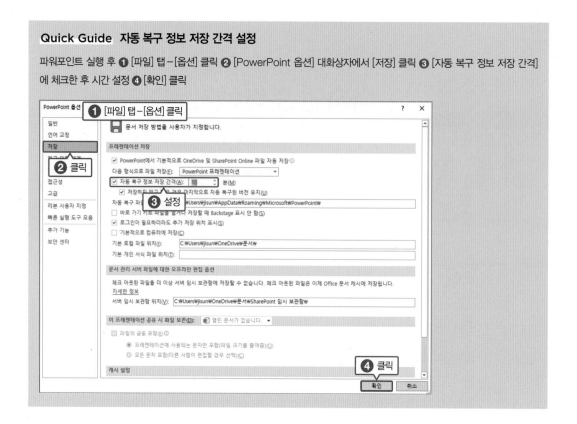
파일 버전 관리하기

두 번째는 파워포인트 기능이 아닌 파일 관리를 이용하는 방법입니다. 일단 대략적인 내용을 파악할 수 있
는 파일명으로 문서를 저장하고 시작합니다. 저장하지 않고 제목 표시줄에 **프레젠테이션1**이라고 표시된
상태로 작업하다가 파일이 날아가면 복구하기 어렵습니다.

이 방법은 저장하는 요령이라고 해도 무방합니다. 저장할 때 파일명에 버전이나 날짜를 포함하여 입력합
니다. 필자는 **ver.00**처럼 버전을 표기해 **파파타팩토리회사소개서_ver.01.pptx**와 같은 형식으로 저장합
니다. 그런 다음 내용을 수정할 일이 생길 때마다 다른 이름으로 저장하여 버전을 변경하고 작업을 시작합
니다. 이렇게 작업하는 방식은 다소 번거롭지만 작업을 진행하다 지난 내용으로 되돌려야 할 때를 대비할
수 있습니다. 사본이 없다면 처음부터 다시 똑같은 작업을 반복해야 하므로 그만큼 비효율적입니다. 여러
번 수정하고 업그레이드하면서 버전 업을 하고 마지막 최종본이 완성되면 파일명에 **최종**이라는 문구를 추
가합니다.

이름	수정한 날짜	유형	크기
interior design proposal(Ani)_ver.01	2017-02-21 오전...	Microsoft PowerP...	6,084KB
interior design proposal(Ani)_ver.01	2017-02-21 오전...	Windows Media ...	27,444KB
INTERIOR DESIGN PROPOSAL(ANI)_VER.05	2017-02-25 오후...	Microsoft PowerP...	36,142KB
interior design proposal(Basic)_ver.01	2017-02-21 오전...	Adobe Acrobat D...	4,065KB
interior design proposal(Basic)_ver.01	2017-02-21 오전...	Microsoft PowerP...	6,078KB
interior design proposal(Basic)_ver.01-1	2017-02-21 오전...	Adobe Acrobat D...	5,852KB
interior design proposal(Basic)_ver.01-1	2017-02-21 오후...	Microsoft PowerP...	11,274KB
interior design proposal(Basic)_ver.01-2	2017-02-21 오후...	Adobe Acrobat D...	1,644KB
interior design proposal(Basic)_ver.01-2	2017-02-21 오후...	Microsoft PowerP...	2,244KB
interior design proposal(Basic)_ver.02	2017-02-22 오후...	Adobe Acrobat D...	7,179KB
interior design proposal(Basic)_ver.02	2017-02-22 오후...	Microsoft PowerP...	15,015KB
interior design proposal(Basic)_ver.03	2017-02-22 오후...	Adobe Acrobat D...	8,066KB
interior design proposal(Basic)_ver.03	2017-02-22 오후...	Microsoft PowerP...	30,006KB
interior design proposal(Basic)_ver.04	2017-02-23 오전...	Adobe Acrobat D...	8,042KB
interior design proposal(Basic)_ver.04	2017-02-23 오전...	Microsoft PowerP...	30,053KB
INTERIOR DESIGN PROPOSAL(BASIC)_VER.05	2017-02-25 오후...	Adobe Acrobat D...	8,968KB
INTERIOR DESIGN PROPOSAL(BASIC)_VER.05	2017-02-24 오후...	Microsoft PowerP...	22,285KB

버전을 관리하며 작업한 사례

작업 환경 설정하기

파워포인트를 실행하고 저장 관련 설정까지 마쳤다면 본격적으로 작업 환경을 설정해보겠습니다.

실행 취소 최대 횟수 변경

첫 번째는 실행 취소와 관련된 설정입니다. 작업을 하다 보면 작업한 내용을 이전으로 되돌려야 하는 경우가 많습니다. 이럴 때는 단축키 Ctrl + Z 를 눌러 실행 취소를 수행합니다. 그런데 단축키를 눌러 실행을 취소하다 보면 더 이상 실행 취소가 되지 않습니다. 실행 취소, 즉 앞 단계로 되돌릴 수 있는 횟수가 한정되어 있기 때문입니다. 기본 설정은 20회이고 최대 150회까지 값을 변경할 수 있습니다.

Quick Guide 실행 취소 횟수 변경

파워포인트 실행 후 ❶ [파일] 탭−[옵션] 클릭 ❷ [PowerPoint 옵션] 대화상자에서 [고급] 클릭 ❸ [실행 취소 최대 횟수] 값 변경 ❹ [확인] 클릭

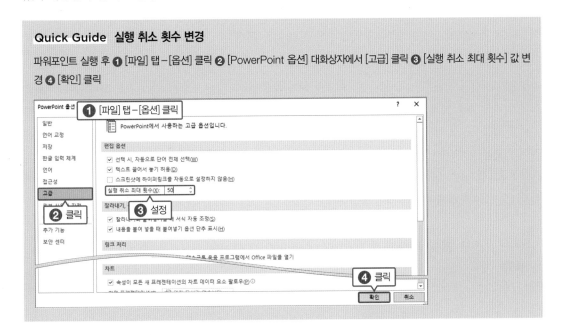

슬라이드 텍스트 상자 제거하기

처음 파워포인트를 실행하고 디자인 작업을 진행하려면 기본으로 표시되는 제목과 부제목 텍스트 상자를 제거합니다. 방법은 간단합니다. 텍스트 상자 두 개가 모두 포함되도록 드래그하여 선택한 후 Delete를 누릅니다.

Ctrl+A를 눌러 현재 슬라이드에 있는 모든 개체를 선택하고 Delete를 눌러도 됩니다. 이때 반드시 오른쪽 슬라이드 그룹에서 작업을 실행해야 합니다. 간혹 왼쪽 축소판 영역에서 Ctrl+A를 누른 후 Delete를 누르는 경우가 있는데 그렇게 하면 개체가 아닌 모든 슬라이드가 선택되어 삭제되므로 주의합니다.

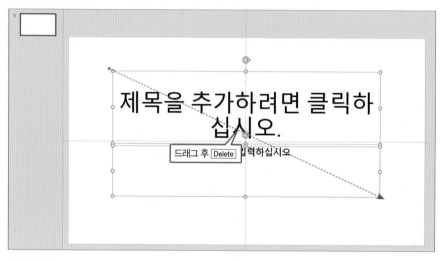

개체 선택 상태

슬라이드 확대/축소 방법

다음으로 슬라이드 영역을 확대하고 축소하는 방법을 알아보겠습니다. 파워포인트로 작업하다 보면 개체의 위치를 정확하게 맞춰야 할 때가 있습니다. 이럴 때는 특정 위치를 최대한 확대해서 작업하는 것이 좋습니다.

파워포인트 화면 오른쪽 아래에는 슬라이드를 확대/축소할 수 있는 도구가 있습니다. 확대/축소 비율을 직접 입력할 수도 있고 슬라이더를 움직여 확대/축소할 수도 있습니다. 하지만 작업 도중에는 마우스 포인터를 움직이면서 화면을 확대/축소하기가 번거롭습니다. 이때는 Ctrl을 누른 상태에서 마우스 휠을 움직여 화면을 확대/축소할 수 있습니다. 휠을 위로 굴리면 화면이 확대되고, 아래로 굴리면 축소됩니다. 단, 지나치게 확대하면 개체를 슬라이드 영역과 여백 중간 또는 여백 바깥에 배치하기 어려워지므로 여백이 약간은 보이도록 확대하는 것이 좋습니다.

Quick Guide   화면 확대/축소
- Ctrl +마우스 휠

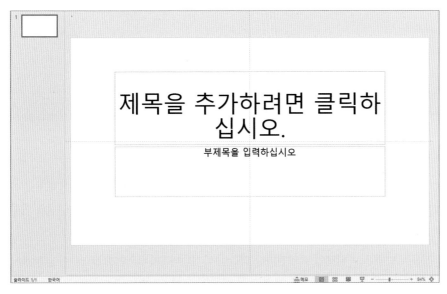

꽉 찬 화면

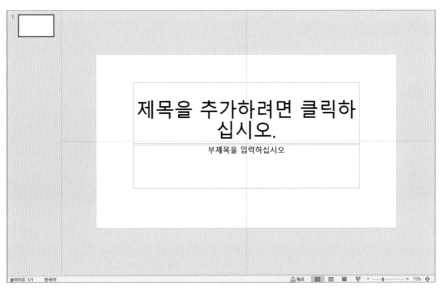

여백을 둔 화면

슬라이드 추가하기

끝으로 슬라이드를 편리하게 추가하는 방법을 살펴보겠습니다. 슬라이드를 가장 쉽게 추가하는 방법은 왼쪽 축소판 영역에서 추가할 위치 바로 앞에 있는 슬라이드 축소판을 선택하고 Enter를 누르는 것입니다. 축소판을 선택하고 Ctrl+C를 눌러 복사한 다음 Ctrl+V를 눌러 붙여 넣으면 동일한 슬라이드를 추가할 수 있습니다.

용도에 맞게 슬라이드 크기, 눈금선, 눈금자, 안내선 설정하기

파워포인트 기본 설정을 마쳤다면 슬라이드 크기를 설정합니다. 그림을 그릴 때 캔버스 크기를 먼저 정하 듯 파워포인트 작업을 할 때도 슬라이드 크기를 미리 정합니다. 슬라이드 크기는 파워포인트 문서를 어디 서 어떻게 쓸지에 따라 다르게 설정합니다.

슬라이드 크기를 설정하는 방법은 파워포인트 버전마다 약간씩 다릅니다. 파워포인트 2016 이상 버전이 라면 [디자인] 탭-[사용자 지정] 그룹-[슬라이드 크기]에서 변경할 수 있습니다. [슬라이드 크기]를 클릭 하면 [표준(4:3)], [와이드스크린(16:9)], [사용자 지정 슬라이드 크기] 중 하나를 선택할 수 있습니다.

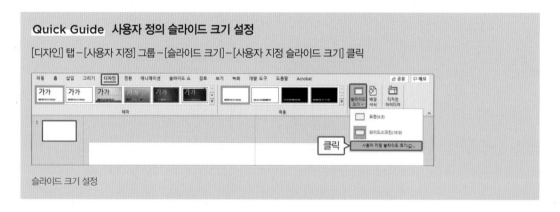

슬라이드 크기 설정

[표준(4:3)]과 [와이드스크린(16:9)]은 일반적인 문서에서 자주 쓰는 크기로 너비와 높이의 비율이 다릅니 다. [사용자 지정 슬라이드 크기]는 크기를 자유롭게 지정할 수 있어 카드 뉴스, 포스터, 온라인 배너, 명함 등의 디자인을 작업할 때 사용합니다.

넓은 와이드 화면 슬라이드

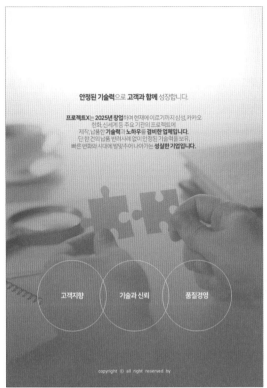
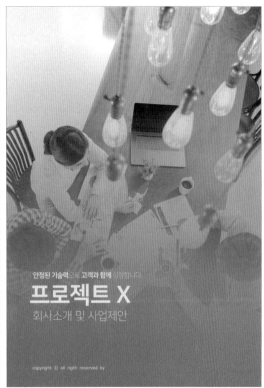

책자 형태의 슬라이드

파워포인트를 이용하면 예시 그림과 같이 넓은 와이드 화면의 슬라이드 제작도 가능합니다. 공연이나 강연, 대중에게 발표하는 제품 런칭 행사에서 생동감 넘치는 프레젠테이션을 위해 21:9 정도의 넓은 비율을 활용하기도 합니다. 또한 책자 형태의 인쇄 자료를 만들고 싶다면 슬라이드의 방향을 세로로 조절하여 디자인합니다.

슬라이드 크기는 자유자재로 조절할 수 있으며 파워포인트 버전에 따라 대개 4:3이나 16:9 비율이 기본으로 설정되어 있습니다. 최신 버전은 주로 16:9 비율인 와이드스크린에 맞춰져 있습니다.

슬라이드 방향을 가로로 할지 세로로 할지도 정해야 합니다. 방향은 [디자인] 탭–[사용자 지정] 그룹–[슬라이드 크기]–[사용자 지정 슬라이드 크기]를 클릭하면 나타나는 [슬라이드 크기] 대화상자에서 지정합니다. [슬라이드 크기] 대화상자에서 슬라이드 너비와 높이를 변경하거나 슬라이드 방향을 [가로] 또는 [세로]로 정할 수 있습니다.

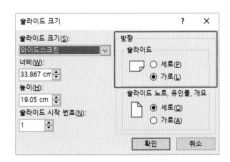

[슬라이드 크기] 대화상자

[슬라이드 크기] 대화상자에서 슬라이드 크기 혹은 방향을 바꾸고 [확인]을 클릭하면 변경한 슬라이드 크기에 맞춰 슬라이드에 배치된 콘텐츠 크기를 한꺼번에 바꾸는 대화상자가 나타납니다. [최대화]를 클릭하면 콘텐츠가 슬라이드를 가득 채우도록 조정되고, [맞춤 확인]을 클릭하면 슬라이드에 여백을 두고 콘텐츠가 슬라이드 안에 모두 포함되도록 조정됩니다.

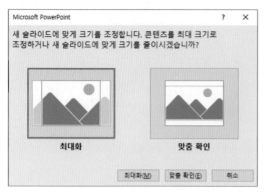

슬라이드 크기 조절 시 나타나는 대화상자

슬라이드 크기와 방향을 정한 후에는 개체를 균형 있게 배치하고 정렬하는 데 도움이 되는 눈금선, 눈금자, 안내선을 설정합니다.

◉ **눈금선** 눈금선을 사용하면 슬라이드에 개체를 정확히 배치할 수 있고, 개체들이 균형감 있게 배치되었는지 쉽게 파악할 수 있습니다.

◉ **눈금자** 개체의 크기나 위치를 정확하게 배치하기 위해 사용합니다. 일반적인 슬라이드 작업에 눈금자를 이용해 개체 크기를 확인하면서 작업하는 경우는 매우 드물지만, 명찰이나 테이블 명찰 등 정확한 크기로 인쇄해야 하는 작업물의 경우 눈금자를 사용해 작업하면 편리합니다.

◉ **안내선** 잘 만들어진 레이아웃(배치)을 참고하거나 앞의 슬라이드에 배치한 개체를 다른 슬라이드에서도 동일한 위치에 배치할 때 유용합니다. 안내선에 맞춰 배치하거나 기본 배치된 개체에 맞게 안내선을 드래그해서 옮길 수도 있습니다. 안내선은 마우스 오른쪽 버튼을 클릭해 삭제하거나 추가할 수 있습니다. 이렇게 배치한 안내선은 현재 파일의 모든 슬라이드에 동일하게 적용되므로 슬라이드 안에서 위치가 동일한지 파악할 때 편리합니다.

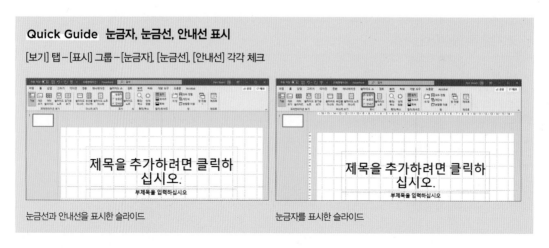

눈금선과 안내선을 표시한 슬라이드   눈금자를 표시한 슬라이드

사용할 폰트와 색상 정하기

파워포인트 문서는 텍스트 개체가 많은 비중을 차지합니다. 따라서 텍스트 개체를 보기 좋게 꾸미는 요소인 폰트와 색상도 신경 써야 합니다. 메시지나 상황에 맞는 폰트를 선정하고 색상을 이용해 내용을 구분하고 강조해야 합니다. 슬라이드 디자인에서는 어떤 폰트와 색상을 사용하는가에 따라 전체 분위기가 달라지므로 폰트와 색상도 미리 계획해야 합니다. 폰트와 색상을 아무런 계획 없이 무분별하게 사용하면 디자인의 통일성이 깨지고, 핵심 메시지를 제대로 전달할 수 없으므로 주의합니다.

폰트 계획 세우기

대표적인 폰트에는 고딕체, 명조체, 굴림체, 궁서체, 손글씨체가 있습니다. 각 폰트의 특징은 다음과 같습니다.

◎ **고딕체** 전문성이 돋보이는 내용에 사용하면 신뢰감을 높일 수 있습니다. 파워포인트 문서는 전문적인 정보를 전달하는 경우가 많으므로 고딕체가 제일 많이 활용됩니다. 주로 메인타이틀이나 본문에 사용합니다.

◎ **명조체** 감성적이거나 부드러운 글에 잘 어울립니다. 메인타이틀을 뒷받침하는 서브타이틀에 사용하면 효과적입니다.

◎ **굴림체** 획의 머리와 꼬리가 둥근 모양의 폰트로, 내용을 부드럽게 전달할 때 적합합니다. 서브타이틀이나 콘셉트를 설명하는 장표에 사용해도 효과적입니다.

◎ **궁서체** 붓글씨 모양으로, 진중한 메시지를 전달할 때 적합합니다. 다만 필자가 오랫동안 디자인해 온 경험에 비추어 보면 파워포인트 문서에는 그다지 적합하지 않습니다. 궁서체를 써서 디자인해 달라는 의뢰 역시 한 번도 없었을 정도로 인기가 없는 폰트입니다. 예스러운 느낌을 내야 할 때 사용하면 효과적입니다.

◎ **손글씨체** 가장 가벼운 느낌을 주는 폰트지만 의외로 타이틀에 많이 활용됩니다. 고딕체가 잘 어울리지 않는 통통 튀고 가벼운 아이디어나 서비스를 알리는 문서라면 타이틀을 손글씨체로 넣어 분위기를 살릴 수 있습니다.

대표적인 폰트는 사용자 컴퓨터나 파워포인트에 기본으로 설치되어 있지만, 전문성을 살린 작업을 해야 할 때는 유료 폰트를 사용할 것을 권합니다. 가독성과 디자인이 뛰어난 폰트는 유료인 경우가 많습니다. 한 번 쓸 때는 비용이 부담스럽지만 막상 써 보면 디자인 완성도가 훨씬 높아져 만족스러운 경우가 많습니다. 더욱이 구매한 후 두루 사용할 수 있고 폰트 굵기도 다양해 여러모로 활용하기 좋습니다.

무료 폰트도 잘 찾아보면 품질이 뛰어난 폰트가 있으므로 잘 활용하면 좋습니다. 다만 폰트를 새로 설치해서 쓸 때는 저작권을 꼼꼼히 확인하는 습관을 들여야 합니다. 사용 범위나 용도에 따라 유/무료가 달라지고 유료라 하더라도 비용이 달라질 수 있기 때문입니다.

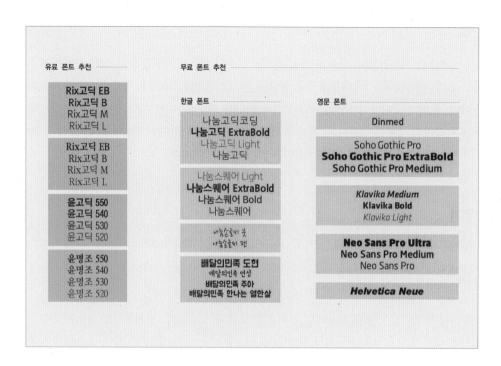

그 밖에 무료로 활용 가능한 폰트를 제공하는 다양한 사이트가 있습니다. 이런 사이트들은 폰트 미리 보기 기능을 제공하므로 미리 확인하고 사용할 수 있습니다.

◎ **Fonts.google.com** 구글 폰트에서 다양한 무료 폰트를 검색하고 쉽게 다운로드할 수 있습니다. 원하는 폰트 스타일을 카테고리, 지원되는 언어에 따라 검색하기에 편리합니다.

◎ **Noonnu.cc** 무료 한글 폰트 검색에 최적화된 사이트입니다. 상업적으로 사용 가능한 한글 폰트를 모아서 제공하기 때문에 매우 편리합니다. 미리 보기를 이용해 폰트 스타일을 미리 확인할 수 있습니다.

신프로 특강 — 울퉁불퉁해 보이는 폰트 해결하기

워드 문서에 비해 파워포인트 문서는 글자가 큰 편이지만 그렇다고 작은 글자를 쓰지 않는 것은 아닙니다. 내용이 많은 슬라이드라면 글자를 작게 쓰는 경우도 많습니다. 크게 쓸 때는 상관없는데 작게 쓰면 글자 테두리가 매끈하지 않고 울퉁불퉁해 보이는 현상이 나타날 수 있습니다. 실무에서는 이런 경우에 '깨졌다'고 말합니다.

신프로의 파워포인트 디자인	신프로의 파워포인트 디자인
테두리가 울퉁불퉁한 글자	테두리가 매끄러운 글자

이 문제를 해결하려면 텍스트를 드래그하고 마우스 오른쪽 버튼을 클릭한 다음 [텍스트 효과 서식]을 클릭합니다. 파워포인트 화면 오른쪽에 [도형 서식] 작업 창이 나타나면 ❶ [텍스트 옵션]–텍스트 채우기 및 윤곽선▣을 클릭합니다. ❷ [텍스트 윤곽선]을 클릭하고 ❸ [실선]을 클릭한 후 ❹ [투명도]를 [100%]로 설정합니다.

> **Tip** [실선]을 클릭하고 하위 옵션이 나타나지 않으면 [텍스트 윤곽선]을 클릭해서 메뉴를 접었다가 다시 펼칩니다.

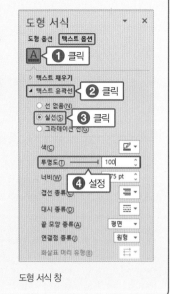

도형 서식 창

각 폰트의 특징을 미리 파악하고 슬라이드 성격에 적절한 폰트를 정합니다. 이때 가장 중요한 것은 각 슬라이드마다 어울리는 폰트를 정하는 것이 아니라는 점입니다. 즉, 전체 슬라이드 디자인이 통일성을 유지할 수 있도록 규칙을 정하고 폰트를 일관되게 사용해야 합니다. 이렇게 문서를 작업하기 전에 폰트 계획을 세우는 과정은 파워포인트 문서는 물론 다른 문서 작업과 디자인 작업에서 동일하게 지켜야 하는 원칙입니다.

색상 계획 세우기

옷을 잘 매치하여 입거나 집안의 소품을 잘 배치하여 보기 좋게 꾸미는 사람이 있습니다. 이런 사람을 자세히 살펴보면 색에 대한 감각이 남달라 다양한 부분에 잘 활용하는 사람이 많습니다. 반면 색에 대한 감각이 떨어지는 사람은 무엇을 해도 촌스럽거나 부족해보입니다. 색감은 분명 타고난 부분이 있지만 꾸준히 노력하면 충분히 높일 수 있는 감각입니다.

필자 역시 처음 파워포인트를 쓸 때는 어울리지 않는 색상을 써서 문서를 만든 적이 많았습니다. 하지만 지금은 확실히 달라졌습니다. 평소에 색에 관심을 기울이고 많은 자료를 참고하다 보니 어느 순간 보는 눈이 생겼습니다. 색을 참고하기 좋은 자료는 주위에 널려 있습니다. 유명 브랜드 로고나 각종 프로모션 배너 등만 잘 봐도 큰 도움이 됩니다. 그렇게 참고한 색상 조합을 파워포인트 작업물에 접목만 해도 중간은 합니다.

파워포인트에서 색은 단순히 예쁘게 꾸미기 위해 쓰는 것이 아닙니다. 문서의 콘셉트를 극대화하거나 목적이나 방향에 따라 결정하기도 합니다. 예를 들어 여름 여행을 계획하는 내용이라면 시원한 바다가 떠오르는 파란색을, 가을 관련 프로젝트라면 울긋불긋 물든 단풍잎 색을 쓸 수 있습니다. 기업의 프로젝트도 마찬가지입니다. 기업마다 색상을 사용하는 규칙이 따로 마련되어 있을 정도입니다. 따라서 기업 관련 프로젝트라면 기업의 정체성을 잘 드러내는 색상 규칙을 지키면서 문서를 만들어야 합니다.

이렇듯 어떤 문서를 만들 것인가에 따라서 색상 계획을 세우고 작업해야 합니다. 혹시 본인의 색감이 심하게 떨어져 디자인이 어렵다면 다음 두 가지 방법을 통해 극복할 수 있습니다.

첫째. 잘 디자인된 참고 자료에서 색을 참고하거나, 추출해서 활용한다.

둘째. 멋진 색을 조합해주는 사이트를 참고하여 디자인한다.

신프로의 파워포인트 색상표는 잘된 디자인이나 제안서에서 어울리는 색을 추출하여 조합해놓은 표입니다.

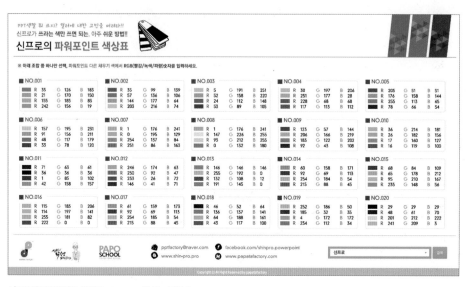

신프로의 파워포인트 색상표 naver.me/FyXgcHXM

활용 방법은 간단합니다. 색상표에서 마음에 드는 조합을 선택하고 파워포인트의 [색] 대화상자에서 각 색상에 표시된 RGB 색상값을 적용하면 됩니다. [색] 대화상자는 색을 선택하는 모든 메뉴의 [다른 색], 혹은 [다른 윤곽선 색], [다른 채우기 색]을 클릭하면 나타납니다.

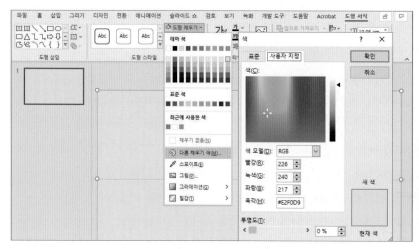

다른 색 선택

Tip RGB는 알파벳 순서대로 Red, Green, Blue를 뜻합니다. 빛의 3원색인 빨간색, 초록색, 파란색을 혼합하여 색을 구현하는 방식입니다.

잘 만들어진 작업물을 캡처한 후 슬라이드에 삽입해 색을 추출하는 것도 좋은 방법입니다. 인터넷 검색을 통해 좋은 디자인 예시를 많이 찾을 수 있습니다. 참고할 만한 이미지를 저장하거나 이미지 캡처를 사용해 파워포인트로 가져와 색을 추출합니다. 파워포인트의 [스포이드] 기능을 사용하면 쉽고 빠르게 색을 추출할 수 있습니다.

[도형 채우기], [도형 윤곽선], [글꼴 색] 등 색을 선택하는 메뉴에는 [스포이트] 기능이 있습니다. [스포이트]를 클릭하면 마우스 포인터가 스포이트 모양🖊으로 바뀝니다. 이 상태에서 추출하려는 색상을 클릭합니다.

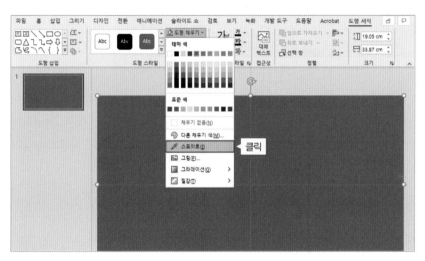

스포이드 기능

Tip 파워포인트 창 바깥의 색상을 추출하는 방법을 활용하면 이미지를 파워포인트에 가져오지 않아도 됩니다. 마우스 포인터가 스포이트 모양🖊으로 바뀌면 슬라이드 영역의 아무 곳이나 마우스 왼쪽 버튼으로 클릭한 상태로 화면 바깥의 색을 추출할 곳에 마우스 포인터를 위치시킵니다. 그리고 마우스 왼쪽 버튼을 놓으면 색이 추출됩니다.

색을 참조할 수 있는 사이트

마지막으로 다양한 색 조합 사이트를 참고하는 방법입니다. 디자인에 참고할 수 있는 배색 조합을 템플릿 형태로 제공하는 서비스가 있습니다. 여기에 소개하는 사이트만 활용해도 제공되는 색 정보를 활용해 색을 선택하는 어려움을 많이 해소할 수 있습니다. 사이트에서 제공하는 RGB값이나 코드값을 이용해 쉽게 색을 적용해봅니다.

◉ **마이컬러 스페이스**   원하는 색상을 선택하고 [GENERATE(만들기)]를 클릭하면 내가 선택한 컬러와 어울리는 다양한 조합의 색 팔레트가 제시됩니다. GRADIENT와 3-COLOR GRADIENT 카테고리에 서는 원하는 색상의 그라데이션 표현까지 확인할 수 있어 PPT의 배경이나 도식에 활용하기 좋습니다.

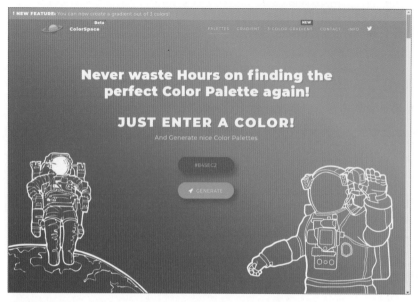

마이컬러 스페이스 mycolor.space

◉ **컬러헌트**   단순한 UI에 다양한 색 조합 샘플을 제공해 활용하기 편리한 사이트입니다. 메인 페이지에 바로 색 조합 템플릿이 나열되어 접속하자마자 원하는 컬러를 선택할 수 있습니다. 마우스 포인터를 올려 놓으면 컬러코드가 나와 PPT 디자인에 활용하기 좋습니다.

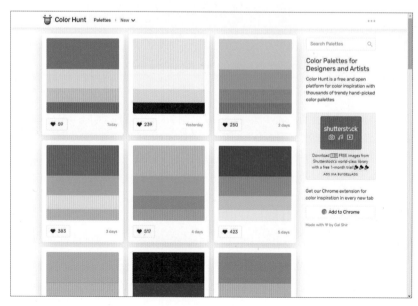

컬러헌트 colorhunt.co

◎ **UI그레이디언트** 감각적이고 트렌디한 그라데이션 샘플을 확인하고 싶다면 이곳에서 확인합니다. 원하는 배색의 코드값을 확인하고 적용하면 멋진 색감의 그라데이션을 완성할 수 있습니다.

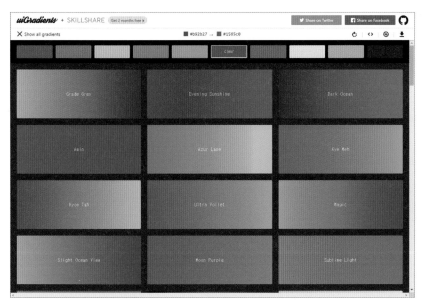

UI그레이디언트 uigradients.com

폰트 및 색상 빠르게 적용하기

폰트와 색상 계획을 세웠다면 실제로 문서를 작업하면서 폰트와 색상을 활용하는 데 도움이 되는 기능을 알아두면 좋습니다. 바로 서식 복사와 기본 텍스트 상자로 설정 기능입니다.

서식 복사 기능은 다른 개체에 적용된 서식을 그대로 복사해서 사용하는 기능입니다. 특정 텍스트 상자에 적용된 글꼴, 색상, 크기 등의 서식을 다른 텍스트 상자에 동일하게 적용할 때 사용합니다. 서식을 복사할 때는 복사할 개체를 선택한 후 [홈] 탭-[클립보드] 그룹-[서식 복사]를 클릭하고 슬라이드 그룹에서 동일한 서식으로 적용할 개체를 선택합니다.

텍스트 상자라면 텍스트 상자 자체를 선택해도 되고 특정 텍스트만 드래그해서 선택해도 됩니다. 단축키를 이용하면 더 편리합니다. 서식 복사 단축키는 Ctrl+Shift+C고 서식 붙여넣기 단축키는 Ctrl+Shift+V입니다.

기본 텍스트 상자로 설정은 새로운 텍스트 상자를 추가할 때마다 사용자가 지정한 글꼴, 색상, 크기가 기본으로 설정되도록 하는 기능입니다. 원하는 글꼴, 색상, 크기가 설정된 텍스트 상자를 클릭한 후 마우스 오른쪽 버튼을 클릭하고 [기본 텍스트 상자로 설정]을 클릭합니다. 새로운 텍스트 상자를 추가하면 앞서 기본으로 설정한 텍스트 상자의 글꼴, 색상, 크기가 적용됩니다.

도형도 마찬가지입니다. 기본 도형으로 설정 기능을 활용하면 새로운 도형을 추가할 때 지정한 색과 서식이 적용됩니다. 새로운 도형을 만들 때마다 도형 윤곽선을 해제하거나 그라데이션을 적용하는 번거로움 없이 빠르게 작업할 수 있습니다.

이처럼 일관된 문서 디자인을 위해 색이나 서식을 동일하게 적용할 경우에 기본 텍스트 상자로 설정과 기본 도형으로 설정 기능을 활용하면 매우 편리합니다.

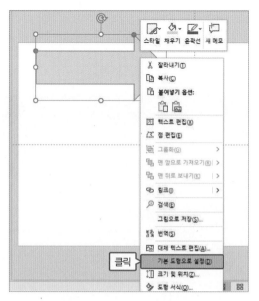

기본 도형 설정 기능

신프로 특강 ┃ 텍스트 선택하기

텍스트의 폰트나 색상 등을 바꿀 때 텍스트를 선택하는 방법에는 두 가지가 있습니다. 먼저 텍스트 상자 안에 입력된 전체 텍스트를 동일한 폰트와 색상으로 수정할 때 사용하는 방법입니다. 해당 텍스트 상자의 테두리를 클릭하거나 해당 텍스트 상자가 모두 포함되도록 드래그해서 선택합니다.

다음은 텍스트 상자 안에 있는 텍스트 중 일부만 꾸밀 때 선택하는 방법입니다. 이럴 때는 해당 텍스트만 드래그해서 선택해야 합니다.

둘 중 어느 방법을 이용하든 텍스트의 폰트와 색상을 바꿀 수 있습니다. 다만 텍스트를 선택한 후 마우스 오른쪽 버튼을 클릭할 때 나타나는 바로가기 메뉴가 약간 다릅니다. 상황에 따라 적절한 방법을 활용하길 바랍니다.

텍스트 상자를 선택했을 때 나타나는 바로가기 메뉴

텍스트 일부를 드래그해서 선택했을 때 나타나는 바로가기 메뉴

간혹 텍스트를 드래그하고 마우스 오른쪽 버튼을 클릭하면 위와 같은 메뉴가 아니라 아래와 같은 바로
가기 메뉴가 나타나곤 합니다. 선택한 텍스트에 빨간색 밑줄이 그어졌을 때 나타나는 메뉴로, 글자가 맞
춤법에 어긋난다는 뜻입니다. 바로가기 메뉴 가장 위에 나타나는 메뉴가 맞춤법에 맞도록 제안된 텍스
트입니다. 제안된 텍스트로 바꾸려면 해당 메뉴를 선택합니다. 입력한 텍스트의 맞춤법이 맞아도 사전
에 미등록된 단어라면 이 메뉴가 나타날 수 있습니다. 이때는 [모두 건너뛰기]나 [사전에 추가]를 클릭합
니다.

파워포인트 맞춤법 검사 기능

CHAPTER

02

핵심 포인트로
끝내는
파워포인트 디자인

———

파워포인트에는 수많은 기능이 있고 모든 기능을 익히려면 오랜 시간이 걸릴 수 있습니다. 하지만 미리 걱정할 필요는 없습니다. 어떤 프로그램이든 주로 쓰는 기능은 정해져 있기 때문입니다. 주요 기능 위주로 익히고 나머지 기능은 필요할 때 천천히 익히면 됩니다. 이번 CHAPTER에서 작업 노하우와 디자인을 위한 핵심 기능을 학습하면 목적에 맞는 파워포인트 디자인을 빠르고 쉽게 완성할 수 있습니다.

LESSON 01

텍스트를 강조하는 다섯 가지 방법

파워포인트로 문서를 만들 때 가장 많은 부분을 차지하는 것이 텍스트입니다. 그만큼 텍스트를 잘 활용할 수 있어야 합니다. 화려하고 현란한 기법을 사용하지 않고 텍스트를 깔끔하게 배치하고 강조하는 것만으로도 충분히 훌륭한 문서를 만들 수 있습니다.

텍스트를 강조하는 방법은 매우 다양합니다. 간편하면서도 텍스트를 효율적으로 강조할 수 있는 대표적인 방법 다섯 가지를 살펴보겠습니다. 눈에 띄는 디자인을 하고자 할 때 단번에 이목을 끄는 화려하고 현란한 디자인을 떠올리기 쉽습니다. 하지만 현란한 디자인은 오히려 시각의 흐름을 방해해 가독성을 떨어트릴 수 있습니다. 그렇다면 어떻게 해야 할까요? 흔히 볼 수 있는 포털사이트 배너 광고나 포스터 디자인을 보면 텍스트를 어떻게 효과적으로 강조하는지 파악할 수 있습니다.

다양한 텍스트 강조 사례

주변의 디자인 사례를 잘 살펴보면 색상, 크기, 굵기, 그림, 도형을 활용한 방법이 대부분이라는 것을 알 수 있습니다. 파워포인트 디자인도 마찬가지입니다. 이 다섯 가지를 잘 활용하면 텍스트를 효과적으로 강조할 수 있습니다. 필자가 실제로 참여한 기업 프로젝트나 블로그에 공개한 자료를 보더라도 텍스트 강조 방법은 이 다섯 가지가 전부입니다. 특별하거나 현란한 강조법이 아니라 파워포인트 기본 기능만으로 텍스트를 강조하는 다섯 가지 방법을 알아보겠습니다.

신프로 특강

모방은 창조의 어머니

파워포인트 문서 작업은 기본적으로 디자인 작업이며 사용자들은 창의적인 아이디어와 디자인을 위해 많은 시간을 쏟아붓습니다. 그럼에도 불구하고 당부하고 싶은 말이 있습니다. 바로 '창의적이고 새로운 아이디어를 떠올리려고 너무 애쓰지 말라'는 것입니다.

새로운 아이디어는 많은 것을 보고 참고하고 변형하는 연습이 뒷받침되어야 떠오릅니다. 급하게 생각하지 않아도 됩니다. 천천히 실력을 쌓으며 연습하는 과정이 필요합니다. 주변에 있는 수많은 것에서 다양한 아이디어를 얻을 수 있습니다. 매일 마시는 유명 커피 브랜드의 컵홀더 디자인, 버스 옆면에 보이는 기업 광고, 검색 포털에 떠 있는 배너 광고, 거리에 붙은 각종 행사 포스터, 간판 디자인, 친구의 티셔츠 디자인 등 모든 것이 파워포인트 디자인에 활용할 수 있는 아이디어입니다. 아이디어가 떠오르지 않는다고 고민하지 말고 주변에 보이는 참고 자료를 따라 해보는 작업부터 시작합니다.

색상으로 강조하기

텍스트를 강조하는 가장 기본적인 도구는 색상입니다. 기본 색상에 다른 색상을 사용하여 원하는 부분만 강조할 수 있습니다. 기본으로 사용하는 텍스트 색상에서 강조하고자 하는 단어나 문장만 다른 색상으로 표현합니다. 단순히 색상만 바꿔도 해당 메시지가 강조됩니다.

색상으로 텍스트를 강조한 사례

Quick Guide 글꼴 색으로 텍스트 강조하기

[홈] 탭-[그리기] 그룹의 도형 갤러리에서 [텍스트 상자] 클릭 ➡ 슬라이드 삽입 후 텍스트 입력 ➡ [홈] 탭-[글꼴] 그룹에서
글꼴 및 색상 변경

01 ❶ [홈] 탭-[그리기] 그룹의 도형 갤러리에서 [텍스트 상자⚏]를 클릭합니다. ❷ 슬라이드에서
메인타이틀이 들어갈 위치를 클릭하고 **신프로의 파워포인트 디자인 가이드북**을 입력합니다. ❸ 텍스트
상자를 클릭하고 ❹ [홈] 탭-[글꼴] 그룹에서 글꼴과 크기를 변경합니다. 글꼴은 [나눔스퀘어], 크기는
32로 설정했습니다.

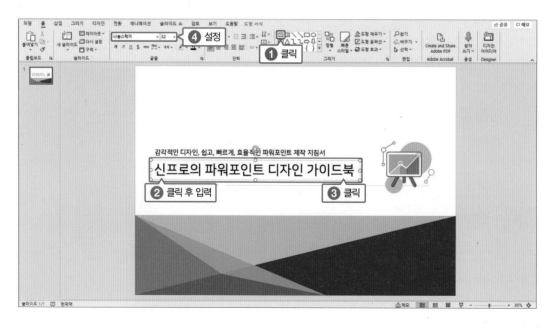

Tip 나눔스퀘어는 네이버에서 무료로 제공하는 폰트입니다. https://hangeul.naver.com/font에서 다운로드할 수 있습니다.

Tip 텍스트 상자는 가로형과 세로형이 있습니다. 보통은 가로형 텍스트 상자를 주로 사용합니다. 또한 텍스트 상자를 삽입할 때는 원하는 위치에서 드래그하여 크기를 지정하지 말고 클릭한 후 내용을 입력하고 나중에 조정하는 편이 낫습니다. 글자 양이나 글자 크기에 따라 상자 크기가 달라질 수 있기 때문입니다.

02 ❶ 슬라이드에 삽입한 텍스트 상자에서 **의 파워포인트** 텍스트만 드래그해 선택합니다. ❷ [홈] 탭-[글꼴] 그룹-[글꼴 색 🗛]의 ▾를 클릭합니다. ❸ [검정, 텍스트 1, 50% 더 밝게]를 클릭합니다. 전체 검은색 텍스트에서 강조하지 않을 부분만 연한 회색으로 변경했습니다.

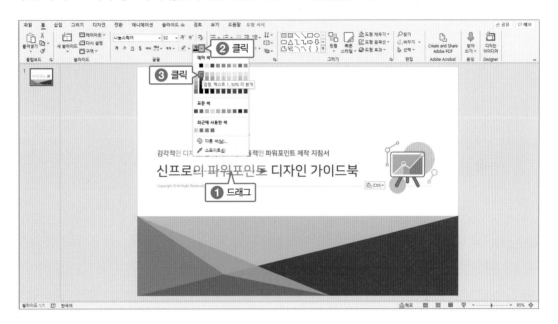

크기로 강조하기

색상만으로 핵심 메시지가 잘 강조되지 않는다면 글자 크기를 키워서 강조하는 방법도 있습니다. 필자의 경험에 비춰보면 처음부터 글자 크기를 키워서 강조하는 것보다 1차로 색상을 이용해 강조하고 부족했을 때 글자 크기를 키워서 강조하는 것이 효과적입니다.

Quick Guide　크기로 강조하기

텍스트 선택 ➡ [홈] 탭 – [글꼴] 그룹 – [글꼴 크기 크게 가˄] 클릭

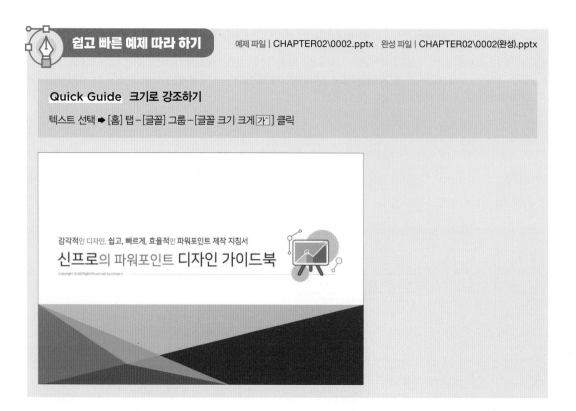

01　❶ 강조할 텍스트인 **신프로**를 드래그합니다. ❷ [홈] 탭 – [글꼴] 그룹 – [글꼴 크기 크게 가˄]를 클릭합니다. ❸ **디자인 가이드북** 텍스트에도 동일하게 적용합니다.

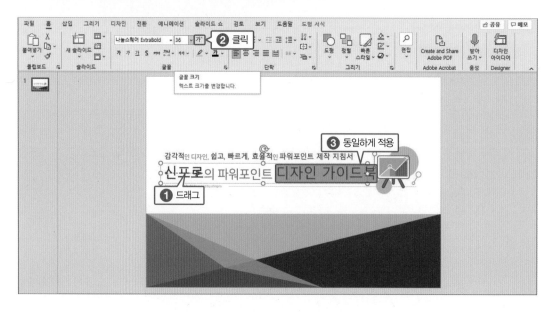

Tip　텍스트를 선택할 때 원하는 부분만 드래그하기 어렵다면 선택할 텍스트 앞 부분을 클릭해 커서를 위치시키고 Shift + → 를 눌러서 선택합니다.

굵기로 강조하기

색상과 크기 외에 굵기로도 텍스트를 강조할 수 있습니다. 파워포인트에서 폰트 목록을 보면 폰트 이름 옆에 ExtraBold/Bold/Midium/Light, EB/B/M/L, 550/540/530/520 등이 붙어 있는 폰트가 있습니다. 자체적으로 굵기가 제공되는 폰트들입니다. 이러한 폰트 굵기를 이용하면 원하는 수준으로 글자를 굵거나 가늘게 만들어 강조할 수 있습니다. 모든 폰트가 굵은 폰트를 제공하는 것은 아닙니다. 굵기가 따로 제공되지 않는 폰트라면 [홈] 탭–[글꼴] 그룹–[굵게 **가**]를 클릭해서 굵게 만들 수 있습니다. 다만 굵게 기능을 이용하면 원하는 굵기보다 더 굵거나 가늘게 나타날 수 있다는 단점이 있습니다.

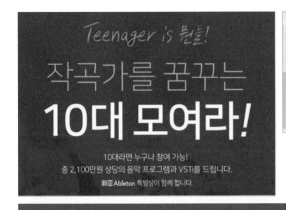

굵기로 텍스트를 강조한 사례

Tip 하나의 폰트에 다양한 굵기를 제공하는 것을 폰트 패밀리라고 합니다. 최근 배포되는 폰트는 거의 모두 폰트 패밀리를 지원합니다.

Quick Guide 굵기로 강조하기

강조할 텍스트 선택 ➡ [홈] 탭−[글꼴] 그룹−[굵게[가]] 클릭 혹은 굵은 폰트 선택

01 ❶ 강조할 텍스트인 **신프로**를 드래그합니다. ❷ [홈] 탭−[글꼴] 그룹에서 폰트를 변경합니다. 여기서는 [나눔스퀘어]를 가장 굵은 [나눔스퀘어 ExtraBold]로 바꿨습니다. ❸ 같은 방법으로 **디자인 가이드북** 텍스트도 변경합니다.

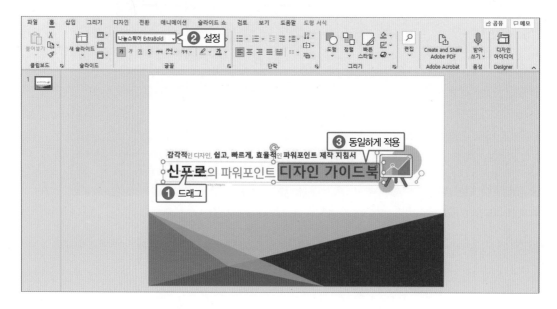

Tip 나눔스퀘어는 네이버에서 무료로 제공하는 폰트입니다. 나눔스퀘어 Bold는 파워포인트에 있는 [굵게[가]] 기능을 적용한 것과 동일한 굵기이고, 나눔스퀘어 ExtraBold는 더 굵은 폰트이므로 텍스트가 더 뚜렷하게 강조됩니다.

그림으로 강조하기

텍스트를 그림으로 강조한다고 하면 언뜻 텍스트를 설명하는 이미지를 텍스트와 함께 배치한다는 말로 들릴 수 있습니다. 하지만 여기서의 '그림으로 강조하기'는 텍스트에 그림을 입힌다는 의미입니다. 포토샵 같은 이미지 편집 프로그램에서 사용하는 클리핑 마스크와 유사합니다. 이 기능을 이용해 텍스트를 디자인하면 눈에 띄게 강조하는 효과를 낼 수 있고 시각적인 아름다움도 표현할 수 있습니다. 물론 문서 전체의 톤앤매너와 어울리는 그림을 활용해야 합니다. 아래 예시를 보면 그림으로 강조하기가 무슨 뜻인지 쉽게 알 수 있을 것입니다.

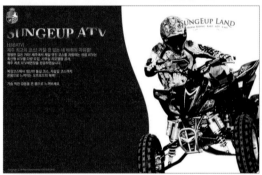

그림으로 텍스트를 강조한 사례

Quick Guide 그림으로 강조하기

강조할 텍스트 선택 ➡ 마우스 오른쪽 버튼 클릭 후 [텍스트 효과 서식] 클릭 ➡ [도형 서식] 작업 창의 [텍스트 채우기 및 윤곽선]−[텍스트 채우기]−[그림 또는 질감 채우기]에서 설정

O1 ❶ 그림으로 강조할 텍스트를 드래그합니다. ❷ 드래그한 텍스트를 마우스 오른쪽 버튼으로 클릭하고 ❸ [텍스트 효과 서식]를 클릭합니다.

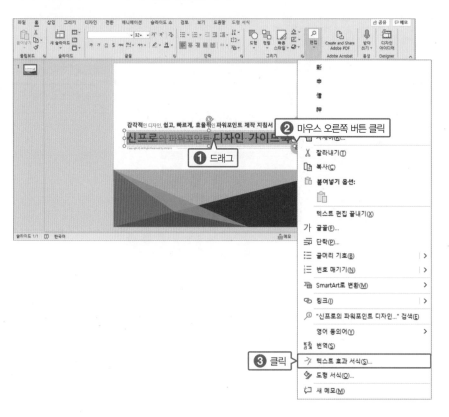

02 [도형 서식] 작업 창이 나타나면 ❶ [텍스트 채우기 및 윤곽선▲]을 클릭하고 ❷ [텍스트 채우기]를 클릭합니다. ❸ [그림 또는 질감 채우기]를 클릭하고 ❹ [삽입]을 클릭합니다.

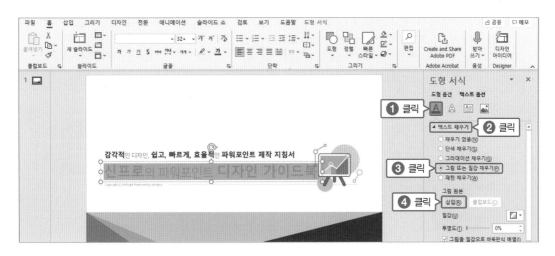

03 [그림 삽입] 대화상자가 나타나면 ❶ [파일에서]를 클릭합니다. [그림 삽입] 탐색기에서 ❷ 예제로 제공되는 **CHAPTER02\img\0003.jpg** 그림 파일을 찾아 클릭한 후 ❸ [삽입]을 클릭합니다.

04 텍스트에 이미지가 채워져 강조된 것을 확인할 수 있습니다.

도형으로 강조하기

도형을 활용하여 텍스트를 강조할 수도 있습니다. 텍스트에 도형을 조합하면 눈에 확 띄어 강조될 뿐만 아니라 형태에 변화가 생겨 디자인 요소로 활용하기도 좋습니다. 텍스트 사이에 텍스트와 색상을 동일하게 맞춘 도형을 배치하면 내용을 자연스럽게 강조할 수 있습니다.

도형으로 텍스트를 강조한 사례

 쉽고 빠른 예제 따라 하기   예제 파일 | CHAPTER02\0005.pptx   완성 파일 | CHAPTER02\0005(완성).pptx

Quick Guide 도형으로 강조하기

[홈] 탭–[그리기] 그룹의 도형 갤러리에서 [직사각형 ☐], [타원 ◯], [이등변 삼각형 △] 등의 도형 클릭 후 슬라이드에 삽입 ➡ [홈] 탭–[그리기] 그룹에서 [도형 채우기], [도형 윤곽선] 등 설정 ➡ 슬라이드에서 도형 크기 변경 후 배치

01 ❶ [홈] 탭-[그리기] 그룹의 도형 갤러리에서 [직사각형▢]을 클릭하고 ❷ 슬라이드의 적당한 위치에 드래그해 세로로 긴 형태의 직사각형을 삽입합니다. ❸ [홈] 탭-[그리기] 그룹-[도형 채우기]는 텍스트와 동일한 색상으로 설정하고 ❹ [도형 윤곽선]은 [윤곽선 없음]으로 설정합니다.

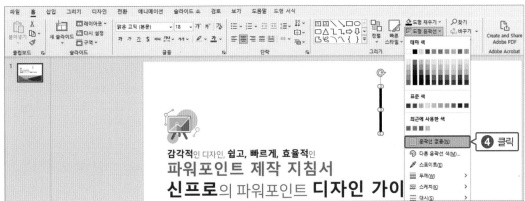

02 ❶ 슬라이드에 삽입한 직사각형 도형의 크기와 방향을 조절해 **디**와 **북** 텍스트에 자연스럽게 결합 되도록 배치합니다. ❷ [이등변 삼각형△]을 슬라이드에 삽입해 **이** 텍스트의 **ㅇ** 상단에 배치합니다. 이 때 [도형 채우기]는 하얀색, [도형 윤곽선]은 [윤곽선 없음]으로 설정합니다.

Tip 삽입한 도형의 조절점을 드래그하여 크기를 적당히 늘리거나 줄일 때는 Shift +방향키를 이용하면 편리합니다. 도형을 옮길 때는 드래그해서 대략적으로 옮길 수도 있지만 Ctrl +방향키를 이용하면 좀 더 정밀하게 옮길 수 있습니다.

03 ❶ **쉽고, 빠르게, 효율적** 텍스트 위에 [타원◯]을 각각 삽입해 텍스트를 강조합니다. ❷ **이** 텍스트에는 [이등변 삼각형△]을 하나 더 배치하여 텍스트를 강조하고 장식 효과를 더합니다.

Tip '이' 텍스트 바로 위에 배치한 장식 도형은 [이등변 삼각형] 아이콘을 변형한 것으로, 흰색과 검은색 이등변 삼각형을 겹쳐서 배치한 것입니다. 이등변 삼각형을 한 개를 삽입하고 채우기 색은 검은색, 윤곽선은 흰색으로 설정해도 동일한 효과를 낼 수 있습니다.

04 도형을 사용해 다양한 텍스트 강조 방법을 살펴보았습니다. 해당 방법을 사용하는 것 외에도 텍스트의 크기, 색 등을 조합해 다양하게 텍스트를 강조할 수 있습니다.

LESSON
02

효과적인 텍스트 활용을 위한 필수 기능

파워포인트의 모든 기능을 알아야 할 필요는 없지만 작업에 도움을 주는 꼭 필요한 기능은 알아두는 것이 좋습니다. 프로그램에서 제공하는 다양한 기능은 두 번 할 일을 한 번에 할 수 있도록 도와주기 때문입니다. 텍스트도 마찬가지로 다양한 기능을 활용해 더욱 편리하게 표현할 수 있습니다.

지금까지 필자가 파워포인트를 다뤄보면서 알게 된 것은 텍스트는 네 가지 기능만 알아도 충분히 활용할 수 있다는 것입니다. 바로 문자 간격, 균등 분할, 줄 간격, 텍스트 맞춤 기능입니다. 이 네 가지 기능은 [홈] 탭-[글꼴] 그룹과 [단락] 그룹에서 각각 사용할 수 있습니다.

파워포인트의 [홈] 탭

문자 간격 조정하기

문자 간격 기능은 텍스트 간격을 빠르게 조정할 때 사용합니다. [홈] 탭-[글꼴] 그룹-[문자 간격]을 클릭한 후 [매우 좁게], [좁게], [표준으로], [넓게], [매우 넓게] 중 하나를 선택할 수 있습니다. 상황에 따라 선택할 수 있지만 [표준으로]와 [좁게]를 주로 사용합니다. 이외에도 [기타 간격]을 클릭해서 원하는 만큼 수치를 입력하여 간격을 조정할 수도 있습니다.

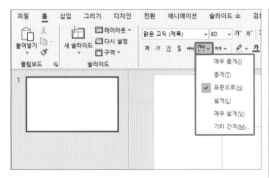

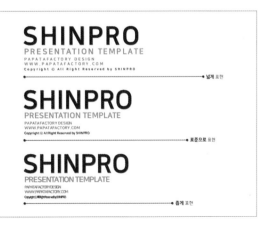

문자 간격에 따른 차이

Quick Guide **문자 간격**

텍스트 상자 선택 후 [홈] 탭-[글꼴] 그룹-[문자 간격 ᄁᄂ]에서 원하는 옵션 클릭

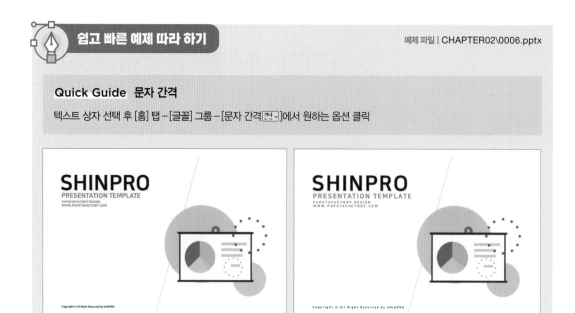

01 ❶ 예제 파일의 2번 슬라이드에서 ❷ 문자 간격을 변경하고자 하는 텍스트를 드래그해 선택하거나 Shift를 누른 상태로 텍스트 상자를 모두 선택합니다. ❸ [홈] 탭-[글꼴] 그룹-[문자 간격 ᄁᄂ]을 클릭하고 ❹ ❺ [좁게]와 [넓게]를 각각 클릭하여 문자 간격의 차이를 비교합니다.

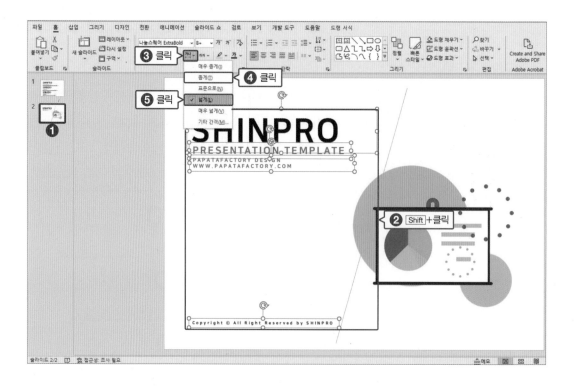

균등하게 분할하기

긴 문장을 여러 줄로 입력했을 때 각 줄마다 텍스트 수가 다르면 가장자리가 고르지 않게 보입니다. 이럴 때 텍스트 양쪽을 균등하게 맞추는 균등 분할 기능을 사용합니다. [홈] 탭-[단락] 그룹-[균등 분할▤]을 클릭하면 텍스트 상자 영역 양쪽 끝을 기준으로 텍스트가 정렬됩니다. 이 기능은 슬라이드 타이틀을 입력할 때 자주 사용하며, 특히 표 안의 텍스트를 정렬할 때 사용하면 효과적입니다.

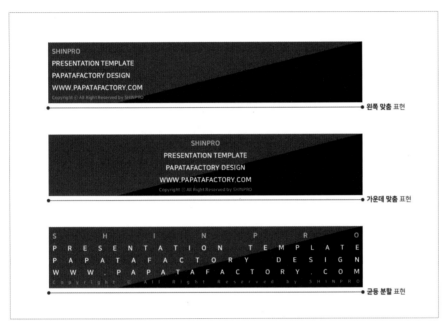

균등 분할 예시

01 ❶ 예제 파일의 2번과 3번 슬라이드를 각각 확인합니다. 2번 슬라이드는 텍스트에 왼쪽 맞춤이, 3번 슬라이드는 균등 분할이 적용된 상태입니다. ❷ 3번 슬라이드에서 텍스트 상자를 선택하고 ❸❹ [홈] 탭-[단락] 그룹-[왼쪽 맞춤≡]과 [균등 분할≣]을 각각 클릭해 변화를 살펴봅니다.

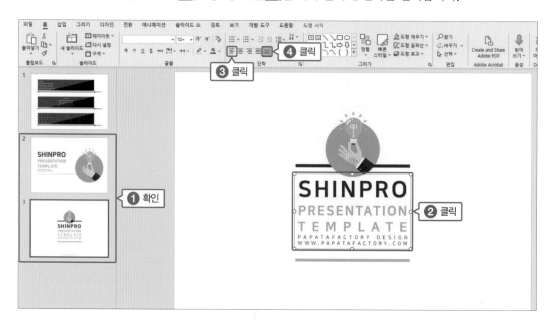

줄 간격 조정하기

줄 간격 기능을 이용하면 텍스트 상자에서 Enter를 눌러 강제로 줄 바꿈을 하지 않고도 줄 간격을 자유롭게 조정할 수 있습니다. 줄 간격은 [홈] 탭-[단락] 그룹-[줄 간격≣▾]을 클릭해 설정합니다.

줄 간격에 따른 차이

Quick Guide 줄 간격

텍스트 상자 선택 후 [홈] 탭 – [단락] 그룹 – [줄 간격 ≣▾]에서 원하는 옵션 클릭

01 ❶ 2번과 3번 슬라이드를 각각 확인합니다. 2번 슬라이드는 줄 간격이 [1.0]으로, 3번 슬라이드는 [2.0]으로 설정되어 있습니다. ❷ 3번 슬라이드에서 텍스트 상자를 선택하고 ❸ [홈] 탭 – [단락] 그룹 – [줄 간격 ≣▾]을 클릭한 후 ❹❺ [1.0]과 [2.0]을 각각 클릭해 줄 간격을 비교해봅니다.

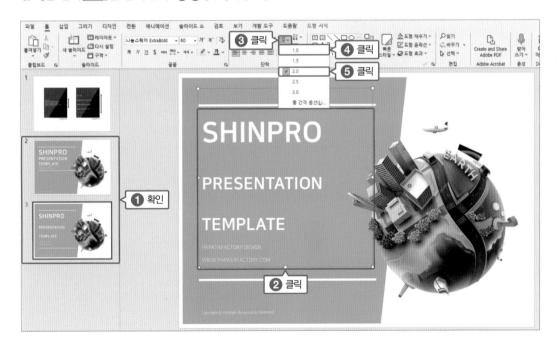

텍스트 위치 맞추기

텍스트 맞춤은 텍스트 상자에서 위/아래 여백이 충분할 때 텍스트를 어느 위치에 배치할지 지정하는 기능입니다. [위쪽], [중간], [아래쪽] 중 하나를 선택할 수 있으며 [기타 옵션]에서 여백을 세부적으로 조정할 수 있습니다. 텍스트뿐만 아니라 도형이나 표에서도 텍스트 위치를 맞출 때 유용하게 쓸 수 있습니다.

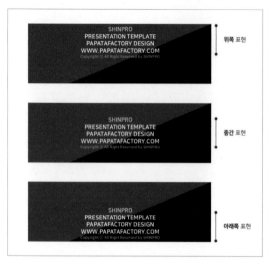

텍스트 위치에 따른 차이

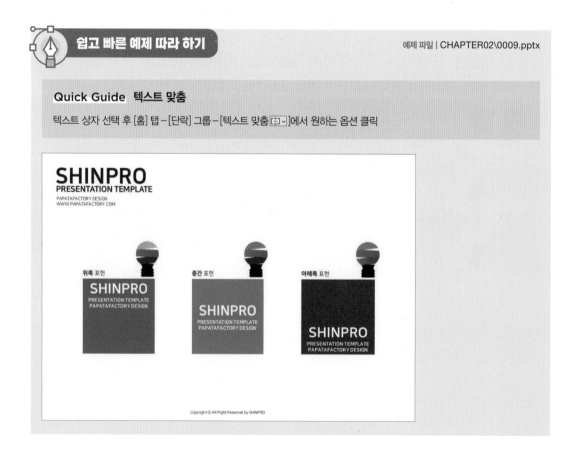

01 ❶ 2번과 3번 슬라이드를 각각 확인합니다. 2번 슬라이드는 표에서 [텍스트 맞춤]을 설정한 결과고, 3번 슬라이드는 도형에서 [텍스트 맞춤]을 설정한 결과입니다. ❷ 3번 슬라이드에서 텍스트 위치를 맞출 개체를 클릭합니다. ❸ [홈] 탭-[단락] 그룹-[텍스트 맞춤 ⊞▾]을 클릭한 후 ❹ 원하는 옵션을 클릭해 각각 어떻게 설정되는지 확인합니다.

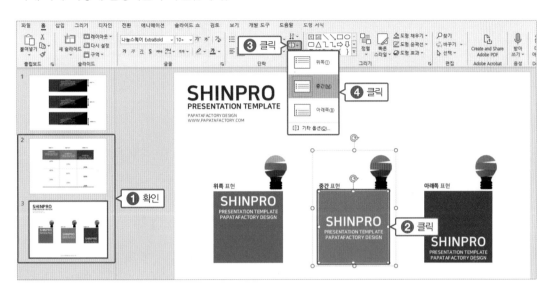

Tip 표에서 텍스트 맞춤 기능을 설정할 때 테두리를 클릭해서 표 전체를 선택하면 모든 셀의 텍스트를 동일한 위치로 맞출 수 있고, 특정 셀 안에 있는 텍스트만 드래그해서 선택하면 해당 셀 안의 텍스트 위치만 변경할 수 있습니다.

신프로 특강

텍스트 배열로 디자인하기

앞서 배운 텍스트 관련 기본 기능만 잘 활용해도 같은 내용을 다른 느낌으로 디자인할 수 있습니다. 집을 꾸밀 때 꽃병과 액자의 배치에 따라 집안 분위기가 달라지는 것처럼 슬라이드 디자인에서도 텍스트를 어디에 어떻게 배치하는가에 따라 슬라이드가 전달하는 느낌이 달라집니다. 다음 예시는 **CHAPTER02\0010.pptx** 예제 파일에서도 확인할 수 있습니다.

텍스트를 왼쪽 맞춤하고 슬라이드 한쪽으로 치우쳐 배치하기

텍스트를 균등 분할하고 가운데 배치하기

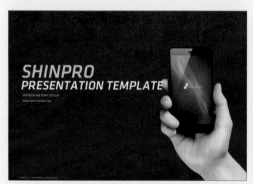

긴 텍스트를 한 줄로 나열하기

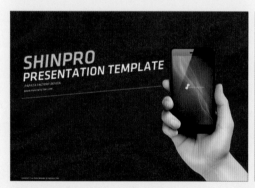

텍스트 각도를 기울여 표현하기

Tip 텍스트 상자나 도형 등의 개체를 기울일 때는 개체를 클릭하면 개체 위쪽에 표시되는 회전 조절점◉을 시계 방향 혹은 반시계 방향으로 드래그합니다.

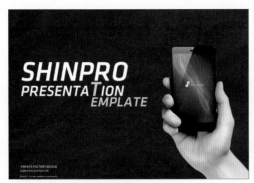

텍스트 상자를 여러 개 겹쳐 표현하기

LESSON 03

다방면으로 유용한 도형 활용하기

도형은 파워포인트 디자인을 할 때 빼놓을 수 없는 개체입니다. 도형을 활용할 때 중요한 것은 크기와 색상입니다. 같은 도형이라도 얼마나 크게 배치하고 어떤 색상을 사용하는가에 따라 전혀 다른 느낌을 줄 수 있습니다. 도형은 장식 요소뿐만 아니라 배경을 만들거나 도식을 만들 때도 활용할 수 있습니다.

[홈] 탭-[그리기] 그룹의 도형 갤러리에서는 직사각형, 타원, 화살표 등 다양한 도형을 제공합니다. 도형 변형 기능은 기본 도형 이외의 도형을 표현하고 싶거나 기본 도형의 모양을 살짝 변형하고 싶을 때 사용하는 기능입니다. 도형을 변형하는 가장 효과적인 방법은 점 편집과 도형 병합 기능입니다.

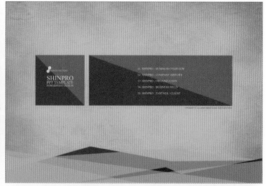

도형 변형 기능을 활용한 다양한 파워포인트 디자인

점 편집으로 도형 변형하기

점 편집 기능을 활영하면 도형의 꼭짓점 위치를 변경하거나 직선을 곡선으로 변형하여 도형 모양을 자유롭게 변형할 수 있습니다. 또한 변에 새로운 꼭짓점을 추가하거나 삭제할 수도 있습니다. 일러스트레이터의 기능 중 하나인 패스 편집과 유사합니다.

점 편집 기능을 활용한 디자인 사례

 쉽고 빠른 예제 따라 하기 예제 파일 | CHAPTER02\0011.pptx 완성 파일 | CHAPTER02\0011(완성).pptx

Quick Guide 점 편집

· 편집할 도형 선택 ➡ 마우스 오른쪽 버튼 클릭 후 [점 편집] 클릭

· 편집할 도형 선택 ➡ [도형 서식] 탭─[도형 삽입] 그룹─[도형 편집]─[점 편집] 클릭

01 ❶ 슬라이드에서 배경으로 사용한 직사각형을 클릭합니다. ❷ 마우스 오른쪽 버튼을 클릭하고
❸ [점 편집]을 클릭합니다.

02 점 편집 상태가 되면 각 꼭짓점이 검은색 조절점■으로 바뀝니다. ❶ 오른쪽 아래 모서리의 조
절점을 클릭합니다. 선택한 조절점 양쪽으로 하얀색 조절점□이 나타납니다. ❷ 위쪽에 있는 하얀색
조절점□을 오른쪽으로 살짝 드래그합니다. 오른쪽 변이 직선에서 곡선으로 바뀝니다.

03 ❶ 이번에는 오른쪽 위 모서리의 검은색 조절점■을 클릭하고 ❷ 아래쪽에 표시된 하얀색 조절점▢을 살짝 왼쪽으로 드래그하여 오른쪽 변을 볼록한 모양으로 만듭니다. 점 편집 두 번으로 기본 도형이 완성도 높은 디자인 요소로 바뀌었습니다.

Tip 점 편집 상태에서 검은색 조절점■을 드래그하여 꼭짓점 위치를 자유롭게 변경할 수 있습니다. 또한 선택한 조절점 양쪽에 표시되는 하얀색 조절점▢을 드래그하여 곡률을 자유롭게 변경할 수 있습니다. 점 편집 상태에서 변을 클릭한 채로 드래그하면 조절점을 추가할 수 있고, 조절점을 마우스 오른쪽 버튼으로 클릭하면 나타나는 바로가기 메뉴에서 조절점을 추가하거나 삭제할 수도 있습니다.

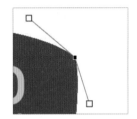

도형 병합으로 변형하기

점 편집 기능으로 원하는 모양을 자유자재로 만들려면 손에 익을 때까지 어느 정도 연습해야 합니다. 조절점을 움직였을 때 어떻게 모양이 바뀔지 정확하게 이해하고 있어야 하기 때문입니다. 하지만 도형 병합 기능은 기본 도형만 잘 배치해도 원하는 모양을 쉽게 만들 수 있습니다. 도형 병합 기능은 [통합◉], [결합◉], [조각◉], [교차◉], [빼기◉] 중 하나를 선택할 수 있습니다.

도형 병합 기능을 활용한 디자인 사례

Quick Guide   도형 병합

병합할 도형 모두 선택 ➡ [도형 서식] 탭 –[도형 삽입] 그룹 –[도형 병합] –[통합◐] 클릭

01   예제 파일의 1번 슬라이드에는 타원으로 이루어진 구름 형태의 도형이 모여 있습니다. ❶ 가장 왼쪽에 있는 타원 뭉치를 드래그하여 모두 선택합니다. ❷ [도형 서식] 탭 –[도형 삽입] 그룹 –[도형 병합] –[통합◐]을 클릭합니다.

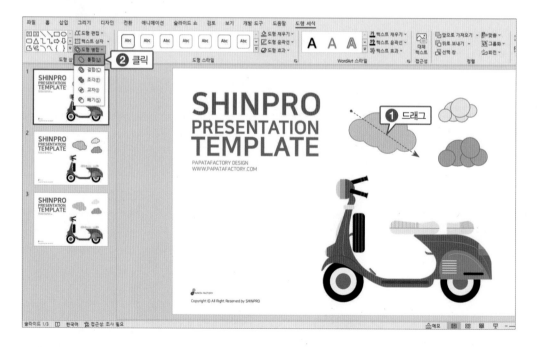

Tip 구름 모양 타원 뭉치는 타원을 여러 개 겹쳐서 통합해 하나의 뭉게구름 도형으로 만든 것입니다.

02 타원 뭉치가 하나의 도형으로 병합되었습니다. 병합된 도형이 선택된 상태에서 [도형 서식] 탭– [도형 스타일] 그룹–[도형 윤곽선]–[윤곽선 없음]을 클릭합니다. 병합된 도형의 윤곽선이 사라집니다.

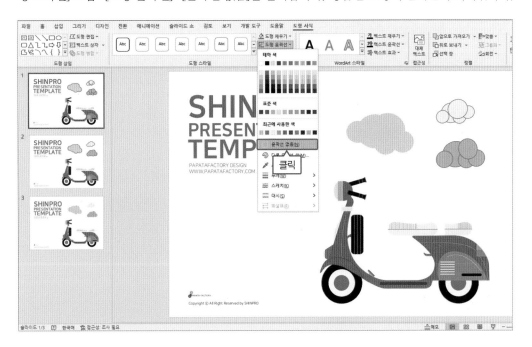

03 같은 방법으로 나머지 타원 뭉치도 병합하고 윤곽선을 없애 구름 모양으로 만듭니다.

병합 기능과 점 편집으로 텍스트 강조하기

쉽고 빠른 예제 따라 하기   예제 파일 | CHAPTER02\0013.pptx   완성 파일 | CHAPTER02\0013(완성).pptx

Quick Guide 도형 병합, 점 편집

직사각형 도형 삽입 ➡ 텍스트와 겹쳐서 배치 ➡ 텍스트와 도형을 동시에 선택 ➡ [도형 서식] 탭-[도형 삽입] 그룹-[도형 병합]-[조각🔘] 클릭 ➡ 점 편집 기능으로 편집

01 앞서 배운 점 편집과 도형 병합 기능을 활용해 텍스트를 강조할 수도 있습니다. ❶ 기존에 입력된 **POWER POINT** 텍스트를 다 덮는 크기의 사각형 도형□을 삽입합니다. ❷ 글자와 사각형 도형을 같이 선택한 후 ❸ [도형 서식] 탭-[도형 삽입] 그룹-[도형 병합]-[조각🔘]을 클릭합니다.

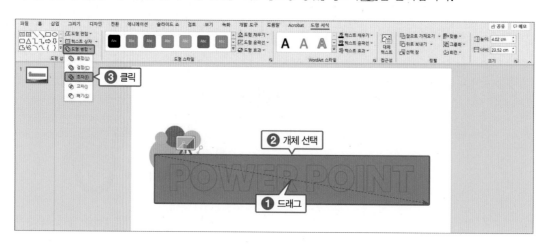

Tip 이번 예제에는 Poppins 폰트를 사용했습니다. Poppins 폰트는 구글 폰트 사이트에서 다운로드할 수 있습니다. 다운로드 주소 : https://fonts.google.com/specimen/Poppins

02 글자와 사각형이 모두 분리되면 ❶ 불필요해진 사각형 도형을 삭제합니다. 각각의 글자가 도형 개체로 전부 분리됩니다. ❷ **P, O, R** 안쪽에 남아 있는 필요 없는 조각들도 모두 선택해 삭제합니다.

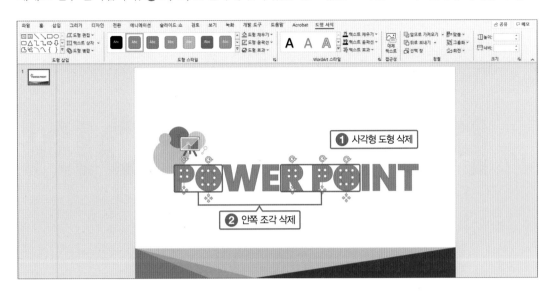

Tip 여러 개의 도형을 같이 선택하려면 Ctrl 을 누른 상태에서 개체를 각각 클릭하면 됩니다. 원하는 개체를 모두 선택한 후 Delete 를 누르면 개체가 삭제됩니다.

03 도형 윤곽선은 [없음]으로 지정합니다. **POWER**의 도형 채우기 색은 **R41/G67/B118**로, **POINT** 의 도형 채우기 색은 **R227/G118/B99**로 지정합니다.

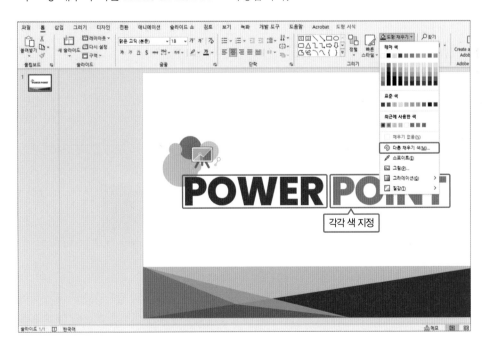

Tip **POWER POINT** 도형을 드래그해 같이 선택한 후 윤곽선을 한번에 제거합니다.

04 점 편집 기능을 활용하여 **W** 도형을 아래 그림과 같이 변경합니다.

점 편집으로 편집

05 **R**과 **I** 도형도 점 편집 기능으로 아래 그림과 같이 편집합니다.

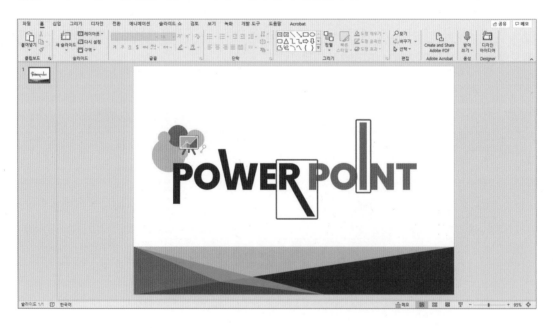

이처럼 도형 병합의 조각 기능을 통해 텍스트를 도형 형식으로 변형하면 점 편집과 같은 기능을 활용하여 폰트의 디자인을 자유롭게 변형할 수 있습니다. 간단하게 로고를 만들거나 멋진 타이틀을 만들 때 유용한 기능입니다.

도형 병합 기능의 다양한 메뉴 살펴보기

도형 병합 기능을 잘 활용하면 다양한 도형을 손쉽게 만들 수 있습니다. 앞에서는 병합과 조각 기능을 활용했지만 복잡하고 기하학적인 도형을 만들려면 다른 기능도 적절히 활용할 수 있어야 합니다. 다음과 같이 타원을 겹쳐 놓은 상태에서 각 기능을 적용하면 어떻게 바뀌는지 살펴보겠습니다.

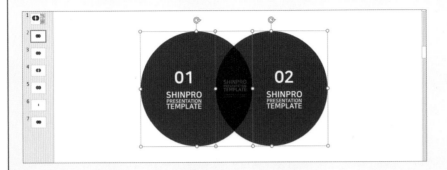

◯ **통합** 여러 개체를 하나의 도형으로 합치는 기능입니다.

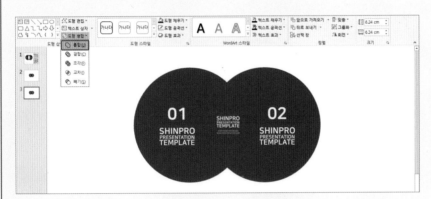

◯ **결합** 선택한 개체에서 겹쳐진 부분을 삭제하고 나머지 부분을 하나로 합치는 기능입니다.

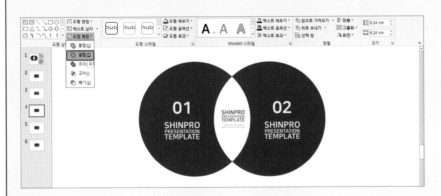

교집합 도식을 표현하려면 도형 채우기 투명도를 이용할 수도 있습니다. 투명도를 적용한 도형을 겹치면 겹쳐진 부분의 색이 짙어지는 특징을 이용하는 방법입니다. 결합 기능을 이용하지 않고 각각의 원형에 투명도를 적용한 후 일부분을 겹치면 셀로판지를 여러 장 겹친 것처럼 겹친 부분만 짙게 표현됩니다.

◉ **조각** 겹치는 부분의 테두리를 기준으로 각 부분을 조각으로 분리하는 기능입니다.

◉ **교차** 결합과 반대로 겹치는 부분만 남기는 기능입니다. 점 편집으로 표현하기 어려운 도형은 교차 기능을 이용하면 쉽게 만들 수 있습니다.

◉ **빼기** 먼저 선택한 도형에서 나중에 선택한 도형과 겹쳐진 부분을 제거하는 기능입니다. 선택한 개체 중 가장 먼저 선택한 도형이 빼기 기능을 적용하는 기준이 됩니다.

도형 병합과 다른 기능으로 효과 만들기

 쉽고 빠른 예제 따라 하기

예제 파일 | CHAPTER02\0014.pptx

Quick Guide 도형 편집

도넛 도형 복제 ➡ 직사각형 도형 삽입 ➡ [도형 서식] 탭−[도형 삽입] 그룹−[도형 병합]−[빼기⬤] 클릭 ➡ 그림 먼저 선택
하고 Shift 누른 상태에서 병합된 도형 선택 ➡ [도형 서식] 탭−[도형 삽입] 그룹−[도형 병합]−[교차⬤] 클릭 ➡ [그림 서
식] 탭−[조정] 그룹−[색]−[배경색 2 밝게] 클릭 ➡ [그림 서식] 탭−[조정] 그룹−[투명도]−[투명도: 15%] 클릭

01 ❶ 예제 파일을 열고 3번 슬라이드를 선택합니다. ❷ 슬라이드에 삽입된 도넛 도형을 선택하고
Ctrl+D를 눌러 복제합니다.

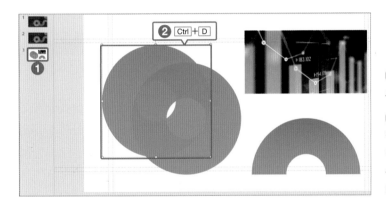

> **Tip** Ctrl을 누른 상태에서 도형을
> 드래그해 복제할 수도 있습니다.

> **Tip** 이번 예제에는 네이버 나눔스
> 퀘어 폰트가 사용되었습니다. 나눔스퀘
> 어 폰트는 네이버 폰트에서 다운로드할
> 수 있습니다. 다운로드 주소 : https://
> hangeul.naver.com/2017/nanum

02 ❶ 복제한 도넛 도형을 한쪽으로 옮겨둡니다. ❷ 도넛 도형의 절반 크기 사각형 도형을 도넛 도
형 하단이 덮히도록 삽입합니다. ❸ 두 도형을 동시에 선택한 후 ❹ [도형 서식] 탭−[도형 삽입] 그
룹−[도형 병합]−[빼기⬤]를 클릭합니다.

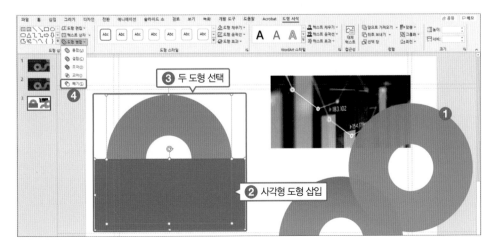

03 ❶ 반원으로 잘라진 도넛 도형을 선택하고 Ctrl + D를 눌러 복제합니다. ❷ 복제된 도형은 한쪽으로 옮겨둡니다.

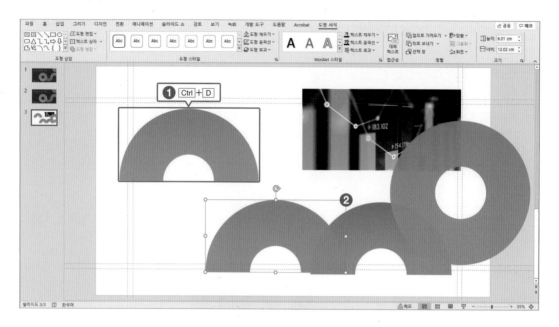

04 ❶ 이미지를 잘라진 도넛 도형과 겹치도록 배치합니다. ❷ 이미지를 선택한 후 ❸ Shift 를 누른 상태에서 잘라진 도넛 도형을 선택합니다. ❹ [도형 서식] 탭-[도형 삽입] 그룹-[도형 병합]-[교차 ◉]를 클릭합니다. 도형 안에 이미지가 삽입된 형태로 바뀝니다.

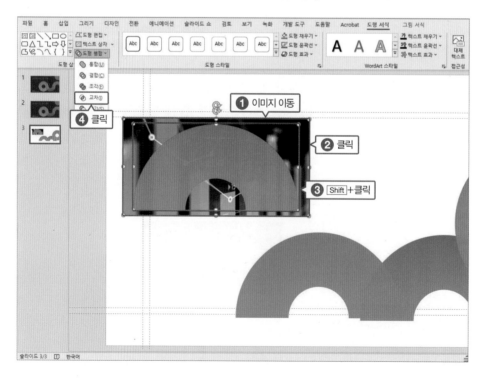

05 이미지가 삽입된 도넛 도형이 선택된 상태에서 [그림 서식] 탭–[조정] 그룹–[색]–[회색조]를 클릭합니다.

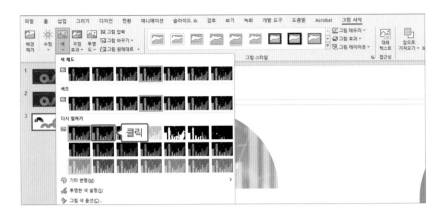

06 [그림 서식] 탭–[조정] 그룹–[투명도]–[투명도: 80%]를 클릭합니다.

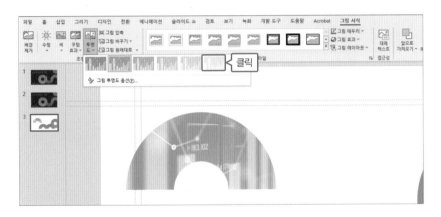

07 1번 슬라이드를 참조하여 만든 도형을 배치합니다.

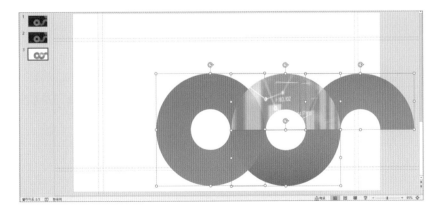

도형의 투명도 효과 활용하기

도형의 투명도 효과는 도형에 배경이 비쳐 보이게 하거나 도형과 도형을 겹쳐 표현할 때 사용합니다. 투명도 효과를 적용한 두 도형을 겹치면 겹친 부분이 겹치지 않은 부분보다 짙게 나타납니다. 이러한 특징을 잘 활용하면 도식을 디자인할 때 공통적인 내용을 효과적으로 표현할 수 있습니다.

투명도 효과는 이미지 위에 텍스트를 입력할 때도 유용합니다. 이미지 바로 위에 텍스트를 입력하면 화려한 색상이나 무늬 때문에 텍스트의 가독성이 떨어집니다. 이때는 이미지 위에 투명도를 적용한 단색 도형을 배치하고 그 위에 텍스트를 입력하여 가독성을 높일 수 있습니다.

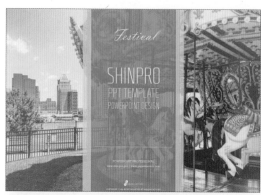 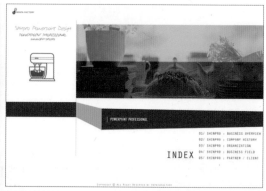

투명도를 활용한 다양한 사례

디자인 요소 만들기

투명도가 적용된 개체를 서로 겹쳤을 때 진한 정도가 다르게 표현되는 특징을 활용해보겠습니다. 색상이 같은 개체를 여러 개 겹쳐서 배치한 다음 투명도를 적용하면 색상이 서로 다른 개체를 조화롭게 겹쳐놓은 듯한 효과가 납니다.

도형에 투명도를 적용하지 않았을 때

도형에 투명도를 적용했을 때

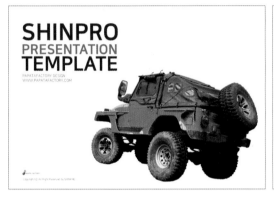

도형을 활용하지 않은 배경 디자인

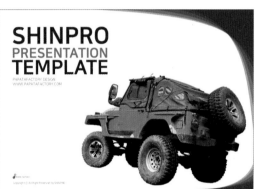

도형 투명도를 활용한 배경 디자인

 쉽고 빠른 예제 따라 하기

예제 파일 | CHAPTER02\0015.pptx

Quick Guide 투명도 적용

[도형 서식] 탭-[도형 스타일] 그룹-[도형 채우기]-[다른 채우기 색] 클릭 ➡ [색] 대화상자에서 [투명도] 변경 ➡ [도형 서식] 탭-[도형 스타일] 그룹-[도형 윤곽선]-[윤곽선 없음] 클릭

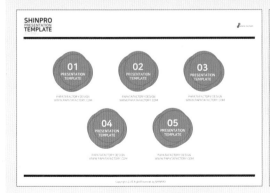

01 ❶ 예제 파일의 5번 슬라이드에서 ❷ 그룹으로 묶인 맨 왼쪽 도형을 클릭합니다. ❸ [도형 서식] 탭-[도형 스타일] 그룹-[도형 채우기]-[다른 채우기 색]을 클릭합니다. ❹ [색] 대화상자가 나타나면 [사용자 지정] 탭을 클릭합니다. ❺ 색상값을 **R40/G45/B88**으로 설정하고 ❻ [투명도]를 **80%**로 설정한 후 ❼ [확인]을 클릭합니다.

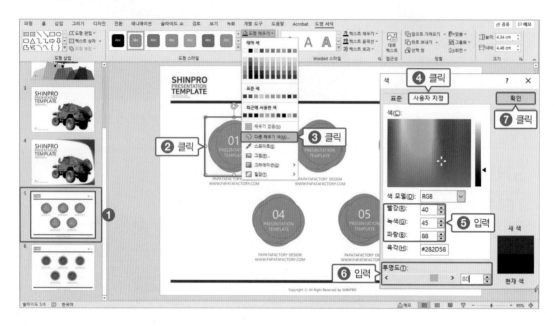

Tip 슬라이드에 삽입한 도형은 Ctrl + G 를 눌러 그룹으로 묶을 수 있습니다. 그룹을 해제하려면 Ctrl + Shift + G 를 누릅니다.

02 [도형 서식] 탭-[도형 스타일] 그룹-[도형 윤곽선]-[윤곽선 없음]을 클릭합니다. 윤곽선이 사라지면 텍스트 크기 등을 조절하여 개체를 완성합니다. 나머지 개체도 같은 방법으로 동일한 방법을 적용합니다.

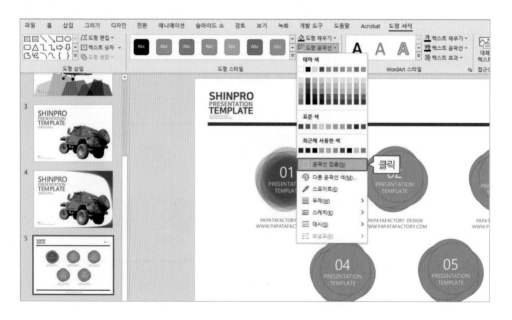

필터 효과처럼 활용하기

투명도를 적용한 도형 개체를 이용하면 밑에 깔린 이미지의 색감을 정리하고 동시에 위에 놓인 텍스트의 가독성을 높일 수 있습니다. 이처럼 투명도를 적용한 개체를 다른 개체 사이에 놓아 필터처럼 쓸 수 있습니다. 서로 다른 내용을 구분 짓거나 톤앤매너를 맞추는 데 효과적으로 활용할 수 있습니다.

도형 투명도로 필터 효과를 적용한 사례

 쉽고 빠른 예제 따라 하기

예제 파일 | CHAPTER02\0016.pptx

Quick Guide **필터로 사용하기**

[홈] 탭-[그리기] 그룹-[직사각형☐] 도형 삽입 ➡ [홈] 탭-[그리기] 그룹-[도형 윤곽선]-[윤곽선 없음] ➡ [홈] 탭-[그리기] 그룹-[도형 채우기]-[다른 채우기 색] ➡ [색] 대화상자에서 투명도 설정

01 ❶ 3번 슬라이드에서 작업합니다. ❷ [홈] 탭-[그리기] 그룹의 도형 갤러리에서 [직사각형☐]을 클릭합니다. ❸ 슬라이드 아래쪽 절반 정도가 가려지도록 드래그해서 직사각형을 그립니다.

02 ❶ [홈] 탭-[그리기] 그룹-[도형 윤곽선]-[윤곽선 없음]을 설정합니다. ❷ [도형 채우기]-[다른 채우기 색]을 클릭하고 ❸ [색] 대화상자가 나타나면 [사용자 지정] 탭을 클릭합니다. ❹ [색]에서 색상 값을 **R112/G48/B160**으로 각각 설정하고 ❺ [투명도]를 **40%**로 설정합니다. ❻ [확인]을 클릭합니다.

03 ❶ 직사각형을 Shift + Ctrl을 누른 상태에서 위로 드래그해 복제하고 크기를 적절히 조절해 배치합니다. ❷ [홈] 탭-[그리기] 그룹-[도형 채우기]-[흰색, 배경 1]을 클릭합니다.

04 ❶ 배치한 직사각형 두 개를 Shift를 누른 상태에서 각각 클릭해 함께 선택합니다. ❷ 마우스 오른쪽 버튼으로 클릭한 후 ❸ [맨 뒤로 보내기]-[뒤로 보내기]를 두 번 실행합니다.

05 타이틀 텍스트의 색상 및 위치를 적당하게 조절하여 슬라이드를 완성합니다.

LESSON

04

연결, 구조, 강조, 디자인 요소로 선 활용하기

직선 하나도 훌륭한 디자인 요소가 될 수 있습니다. 심플하고 간결함을 표현하고 싶을 때 얇은 직선을 하나 추가해봅니다. 선은 연결, 구분, 강조, 디자인 요소로 활용할 수 있습니다. 간단한 선 편집 방법을 익히면 도식을 표현하거나 표를 작업할 때 유용하게 활용할 수 있습니다.

선 그리고 편집하기

먼저 간단한 선 편집 방법을 알아보고 연결, 구분, 강조, 디자인 요소의 관점에 따라 선을 활용해보겠습니다. 다음 예시는 **CHAPTER02\0017.pptx** 예제 파일에서도 확인할 수 있습니다.

[홈] 탭-[그리기] 그룹의 도형 갤러리에는 직선, 화살표, 곡선 등 다양한 선이 있습니다. 원하는 선을 클릭하고 슬라이드에서 드래그해 쉽게 삽입할 수 있습니다. 또 삽입한 선은 [홈] 탭-[그리기] 그룹-[도형 윤곽선]을 클릭하면 나타나는 메뉴에서 쉽게 편집할 수 있습니다.

[도형 윤곽선]-[두께]-[다른 선] 혹은 [대시]-[다른 선]을 클릭하면 나타나는 [도형 서식] 작업 창에서 훨씬 다양한 형태로 선 모양을 편집할 수 있습니다.

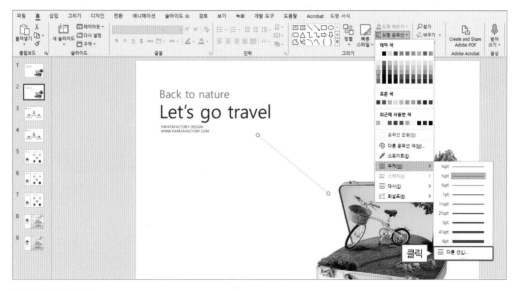

6pt 이상 선 굵기 적용

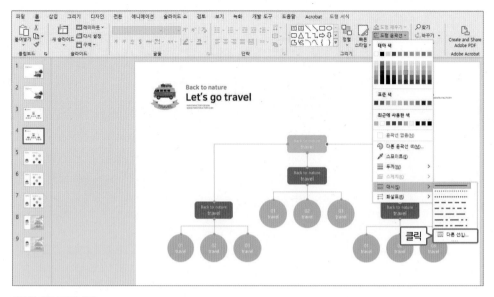

다양한 대시 스타일 선택

선의 쓰임새 알기

선을 그리는 방법과 편집하는 방법을 알면 다음과 같이 다양한 용도로 사용할 수 있습니다. 개체와 개체를 연결하는 선부터 디자인 요소로 활용할 수 있는 선까지 선의 다양한 용도를 알아보겠습니다.

선으로 연결하기

선을 활용해 개체와 개체의 연결을 표현합니다. 아래 그림과 같이 회사 조직도에서 흔하게 볼 수 있는 형태가 선의 연결입니다. 이외에도 이미지에 대한 설명이나 특정 부분을 가리키며 설명할 때도 선을 활용해 디자인할 수 있습니다.

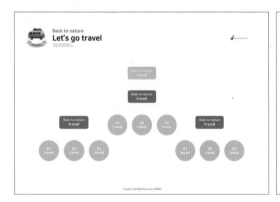

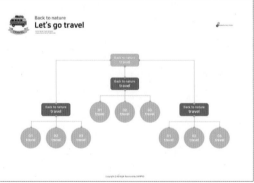

선으로 도형 간 관계를 표현한 예시

선으로 구분하기

서로 다른 내용이나 개체를 구분할 때 선을 이용하여 효과적으로 디자인할 수 있습니다. 아래 그림과 같이 상위 개념과 세부 내용을 구분할 때도 선 하나를 넣으면 깔끔하게 정리됩니다. 이처럼 위와 아래, 왼쪽과 오른쪽, 대각선 등 개체들의 위치나 배치에 따라 선을 적절히 넣으면 내용이 깔끔하게 정리됩니다.

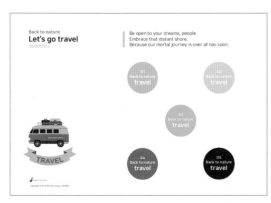 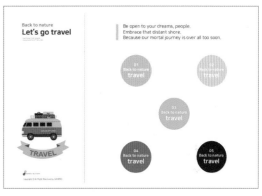

선으로 내용을 구분한 예시

선으로 강조하기

중요한 텍스트에 밑줄을 긋거나 이미지나 도형 개체에 윤곽선을 넣어 원하는 부분을 강조할 수 있습니다. 단 이미지나 도형에 윤곽선을 넣을 때는 색상과 두께를 적절하게 설정해야 합니다. 자칫하면 강조하려는 내용보다 윤곽선이 도드라져 보일 수 있으므로 주의합니다.

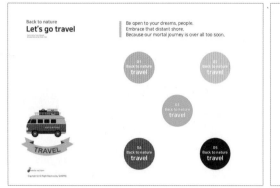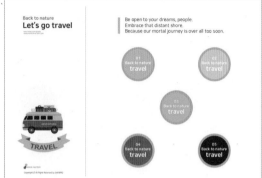

선으로 각 도형 요소를 강조한 예시

디자인 요소로 활용하기

도형의 선 스타일을 다양하게 조절해 디자인 요소로 활용할 수 있습니다. 문서 전체의 도형 안쪽에 그어진
선, 톤앤매너를 맞추기 위해 반복해서 사용한 선, 반복해서 사용한 테두리만 들어간 사각형 등을 디자인
요소로 활용하면 통일된 인상을 줄 수 있습니다.

선을 디자인 요소로 활용한 예시

LESSON
05

자연스럽게 변하는 그라데이션 활용하기

그라데이션은 그래픽 디자인에서 자주 사용하는 기법입니다. 색상과 색상 사이가 자연스럽게 변하도록 중간에 색을 섞어서 표현하거나 시작 색상은 진하게 끝 색상은 연하게 표현하는 등 색이 변하는 과정을 자연스럽게 표현할 때 사용합니다.

슬라이드 배경을 다양한 그라데이션으로 채울 수 있고, 개체 역시 그라데이션으로 채워 디자인 요소로 활용할 수 있습니다. 해가 뜨거나 질 때의 노을을 떠올리면 그라데이션을 쉽게 이해할 수 있습니다. 그라데이션 표현 방법에는 크게 선형, 방사형, 사각형, 경로형이 있고, 그라데이션 방향은 왼쪽, 오른쪽, 위, 아래 등으로 설정할 수 있습니다. 이외에도 각도와 시작 지점 등을 바꿔가며 다양하게 연출할 수 있습니다. 그라데이션 편집 방법과 활용 사례를 살펴보겠습니다. 다음 예시는 **CHAPTER02\0018.pptx** 예제 파일에서도 확인할 수 있습니다.

그라데이션 사용하기

도형과 같이 면이 있는 개체를 그라데이션으로 채우려면 [홈] 탭-[그리기] 그룹-[도형 채우기]-[그라데이션]을 클릭하고 기본으로 제공하는 그라데이션 중 원하는 스타일을 선택해서 적용합니다. 슬라이드 배경이나 직선 등에 그라데이션을 적용하거나 좀 더 세부적으로 옵션을 설정하려면 개체를 마우스 오른쪽 버튼으로 클릭하고 [도형 서식] 혹은 [배경 서식]을 클릭하면 나타나는 [도형 서식] 혹은 [배경 서식] 작업 창에서 작업합니다. 선택한 개체에 따라 작업 창의 옵션이 다르게 나타납니다.

[도형 서식] 혹은 [배경 서식] 작업 창이 나타나면 [채우기]-[그라데이션 채우기]를 클릭하고 세부 옵션을 설정합니다. 선 개체를 선택했다면 [선]-[그라데이션 선]을 클릭합니다. 그라데이션의 세부 옵션으로는 [종류], [방향], [각도], [그라데이션 중지점], [색] 등을 설정할 수 있습니다. 중지점을 추가하여 다양한 색상으로 구성된 그라데이션을 연출할 수 있으며, 슬라이드에서 적용된 색상을 보면서 [위치], [투명도], [밝기] 등을 조절해 원하는 그라데이션을 완성할 수 있습니다.

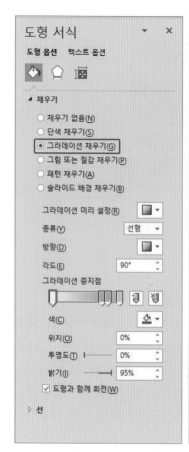

채우기에 그라데이션 적용

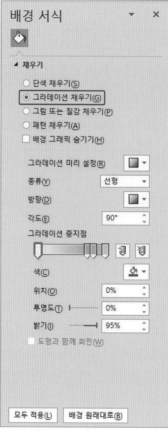

배경에 그라데이션 적용

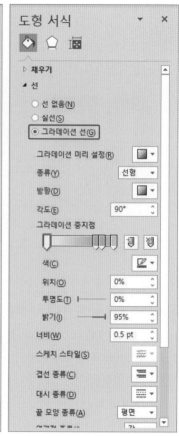

선에 그라데이션 적용

Quick Guide 그라데이션 채우기

- [홈] 탭 – [그리기] 그룹 – [도형 채우기] – [그라데이션] 클릭
- 슬라이드 배경 혹은 개체에서 마우스 오른쪽 버튼 클릭 후 [도형 서식] 혹은 [배경 서식] 클릭 ➜ 각 작업 창에서 그라데이션 세부 옵션 설정

그라데이션의 쓰임

그라데이션 채우기를 자칫 과도하게 사용하면 시선을 분산시켜 디자인을 망칠 수 있습니다. 다음과 같은 규칙 내에서 최소한으로 사용할 것을 권합니다.

슬라이드 배경으로 활용하기

슬라이드 배경에 그라데이션을 적용하고 시선이 쏠리는 위치에 핵심 메시지를 배치하면 내용을 효과적으로 강조할 수 있습니다. 슬라이드 배경에 그라데이션을 채울 때는 슬라이드 자체에 적용할 수도 있지만 그렇게 하면 수정할 때 번거롭습니다. 이럴 때는 슬라이드와 같은 크기로 직사각형을 그리고 그 직사각형에 그라데이션을 채우는 게 낫습니다. 다음 사례는 직사각형을 그리고 도형 서식 창에서 [그라데이션 채우기]를 선택한 다음 종류를 각각 [선형]과 [원형]으로 설정한 슬라이드입니다.

선형 그라데이션

원형 그라데이션

디자인 요소로 활용하기

그라데이션을 도형이나 선에 적용하여 디자인 요소로 활용하면 디자인을 한층 돋보이게 꾸밀 수 있습니다. 일반적인 직선을 한쪽이 자연스럽게 흐려지도록 처리하여 디자인 요소로 활용할 수도 있고, 화살표에서 화살촉 반대 방향이 흐려지도록 처리하여 시선의 흐름을 매끄럽게 연출할 수도 있습니다.

선에 그라데이션 적용

도형에 그라데이션 적용

그라데이션 자유자재로 다루기

[도형 서식] 혹은 [배경 서식] 작업 창의 그라데이션 옵션을 자세히 살펴보겠습니다.

❶ **그라데이션 미리 설정** 그라데이션 스타일 중 원하는 스타일을 바로 적용할 수 있습니다. 그라데이션을 익숙하게 다루지 못할 때 쓰면 편리합니다.

❷ **종류, 방향** 종류에는 선형, 방사형, 사각형, 경로형이 있고, 방향에는 왼쪽, 오른쪽, 위쪽, 아래쪽, 가운데 등이 있습니다. 그라데이션은 종류가 같아도 방향이 다르면 또 다른 느낌이 납니다. 따라서 그라데이션을 적용할 때는 종류를 먼저 선택하고 방향을 선택하는 것이 좋습니다.

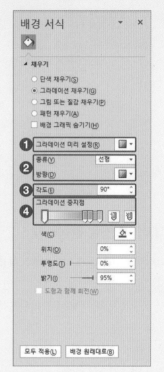

선형 그라데이션 　방사형 그라데이션 　사각형 그라데이션 　경로형 그라데이션

❸ **각도** 선형 그라데이션을 선택했을 때만 활성화됩니다. [방향] 옵션보다 세밀하게 조정할 수 있습니다.

❹ **그라데이션 중지점** 중지점은 그라데이션 바 오른쪽에 있는 추가 🗒/삭제🗒를 클릭해서 변경할 수 있습니다. 각 중지점을 선택하고 [색], [위치], [투명도], [밝기]를 각각 변경할 수 있습니다. 옵션을 변경하면 선택한 개체에 실시간으로 반영되므로 슬라이드 영역을 보면서 옵션을 변경할 수 있습니다.

그라데이션도 [서식 복사] 기능을 이용해서 쉽게 복사하고 붙여 넣을 수 있습니다. 그라데이션으로 적용된 키컬러를 도식이나 배경에 그대로 적용하려면 서식 복사를 활용합니다. 그라데이션이 적용된 도형을 선택하고 Ctrl + Shift + C 를 눌러 서식을 복사한 후 Ctrl + Shift + V 를 눌러 서식을 붙여 넣으면 됩니다. **CHAPTER02\0019.pptx, 0020.pptx** 예제 파일에서도 그라데이션 사례를 확인할 수 있습니다.

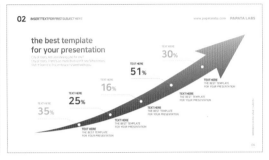

다양하게 적용된 그라데이션 예시

LESSON

06

슬라이드 디자인의 완성, 레이아웃 정리하기

파워포인트 문서를 디자인할 때 담고 있는 메시지를 효과적으로 전달하려면 각 개체, 즉 콘텐츠를 보기 좋게 잘 보이도록 정리해야 합니다. 레이아웃은 하루아침에 배울 수 있는 것이 아닙니다. 평소에 보기 좋은 디자인을 참고해서 꾸준히 연습해야 합니다. 몇 가지 디자인 레이아웃을 참고해서 개체를 배치하는 요령을 살펴보겠습니다.

참고 디자인 레이아웃 따라 하기

참고할 슬라이드 디자인이 있는 웹 사이트에서 원하는 자료를 다운로드하거나 캡처한 후 파워포인트로 가져와 레이아웃을 작업에 참고하면 좋습니다. 다른 자료를 참고해 레이아웃 작업을 할 때는 안내선이나 눈금자가 필수입니다. 눈금자, 눈금선, 안내선은 [보기] 탭-[표시] 그룹에 있는 [눈금자], [눈금선], [안내선]을 체크하면 슬라이드 작업 화면에 나타납니다. 특히 안내선은 자유롭게 위치를 옮기고 추가/삭제할 수 있기 때문에 개체를 배치하거나 레이아웃 작업을 할 때 매우 유용합니다. 이미지 레이아웃을 참고하여 슬라이드 디자인을 완성해보겠습니다.

 쉽고 빠른 예제 따라 하기   예제 파일 | CHAPTER02\0021.pptx   완성 파일 | CHAPTER02\0021(완성).pptx

Quick Guide   레이아웃 따라 하기

[보기] 탭-[표시] 그룹-[안내선] 클릭 ➡ 슬라이드에서 안내선을 `Ctrl` +드래그해 추가

01 ❶ 예제 파일의 1번 슬라이드에서 ❷ [보기] 탭-[표시] 그룹-[안내선]에 체크합니다. ❸ 슬라이드 상하좌우의 빈 공간을 마우스 오른쪽 버튼으로 클릭하고 ❹ [눈금 및 안내선]-[세로 안내선 추가] 혹은 [가로 안내선 추가]를 클릭해 안내선을 추가합니다. ❺ 또는 기존에 있는 안내선을 Ctrl 을 누른 상태로 드래그하여 참고할 레이아웃에 맞춰 추가로 배치합니다.

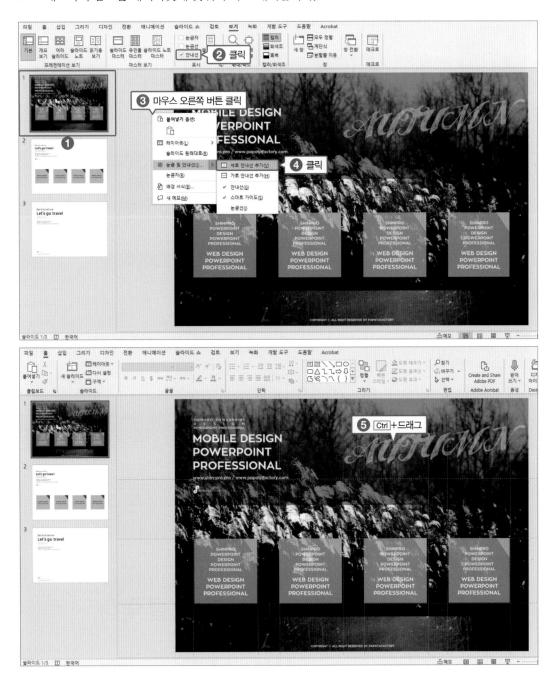

Tip 안내선을 드래그하면 위치를 옮길 수 있고, Ctrl 을 누른 상태에서 드래그하면 안내선을 추가할 수 있습니다. 안내선이 잘 선택되지 않으면 슬라이드 바깥쪽 여백에서 선택합니다.

02 레이아웃에 맞춰 안내선을 배치한 후 삽입한 그림 개체를 삭제하거나 새로운 슬라이드를 추가해도 안내선은 그대로 남습니다. 안내선을 기준으로 앞서 실습한 도형 및 텍스트 기능을 활용하여 다음과 같은 슬라이드를 완성할 수 있습니다. 예제에서는 2번 슬라이드를 참고하여 3번 슬라이드와 같이 레이아웃을 배치합니다.

> **Tip** 안내선을 삭제하려면 슬라이드 바깥쪽 여백으로 드래그합니다.

개체 맞춤 배치하기

디자인 요소 작업이 마무리되면 개체와 개체의 간격이 잘 맞는지, 슬라이드에 균형 있게 배치되었는지 등 디자인을 정리해야 합니다. 파워포인트 2013 버전부터 자동으로 위치나 간격을 잡아 주는 가이드 기능이 추가되었지만 전체적으로 다시 훑어보면서 정렬하는 습관을 들입니다. 정렬하거나 배치할 개체를 선택하고 [도형 서식] 탭-[정렬] 그룹-[맞춤]을 클릭하면 다양한 정렬 기능이 나타납니다.

다양한 개체 맞춤 기능

Quick Guide 개체 선택

정렬할 개체 선택 후 [도형 서식] 탭 – [정렬] 그룹 – [맞춤] 클릭

01 1번 슬라이드에는 일련번호, 도형, 설명으로 구성된 개체 아홉 개가 자유롭게 배치되어 있습니다. 일련번호부터 정렬해보겠습니다. ❶ 일련번호를 드래그해서 모두 선택합니다. 먼저 가로로 배치된 일련번호 개체의 수평을 맞춰야 합니다. ❷ [도형 서식] 탭–[정렬] 그룹–[맞춤]–[중간 맞춤圈]을 클릭합니다. ❸ 같은 방법으로 도형 개체를 모두 선택하고 수평을 맞춘 후 ❹ 하단의 설명글 개체도 모두 선택하고 수평을 맞춥니다.

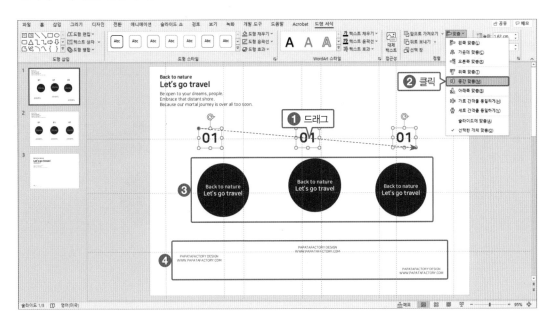

02 수평을 맞췄다면 수직도 맞춰야 합니다. ❶ 첫 번째 열에 배치된 일련번호, 도형, 설명글 개체를 드래그해 모두 선택합니다. ❷ [도형 서식] 탭-[정렬] 그룹-[맞춤]-[가운데 맞춤囯]을 클릭합니다. 같은 방법으로 ❸ 두 번째 열의 개체와 ❹ 세 번째 열의 개체도 [가운데 맞춤囯]으로 정렬합니다.

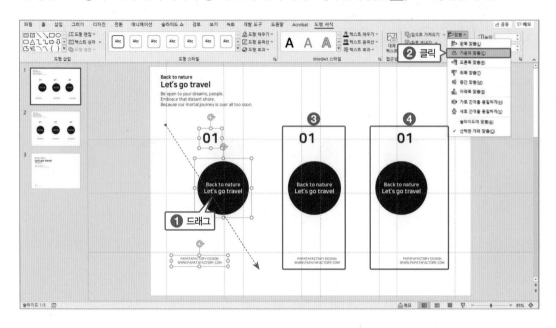

03 이제 각 열을 하나의 그룹으로 묶어 그룹 간 간격을 정렬하겠습니다. ❶ 우선 첫 번째 열에 해당하는 개체를 드래그해서 모두 선택하고 ❷ Ctrl + G 를 눌러 그룹으로 묶습니다. 같은 방법으로 ❸ 두 번째 열의 개체와 ❹ 세 번째 열의 개체도 각각 그룹으로 묶습니다.

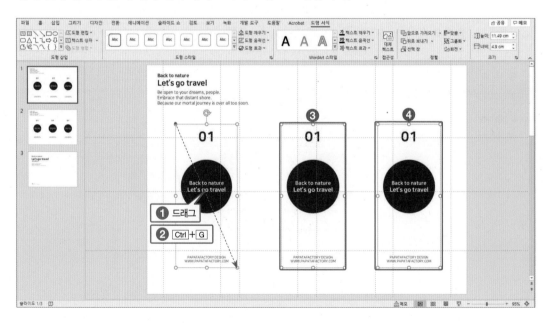

04 각 그룹화된 개체의 간격을 동일하게 맞추겠습니다. ❶ 그룹 세 개가 모두 포함되도록 드래그하여 선택하고 ❷ [도형 서식] 탭-[정렬] 그룹-[맞춤]-[가로 간격을 동일하게]를 클릭합니다.

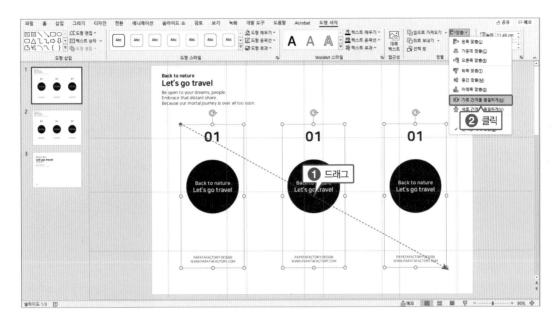

05 ❶ 그룹 세 개가 모두 선택된 상태에서 Ctrl + G를 눌러 하나의 그룹으로 묶습니다. ❷ 개체가 슬라이드 가운데에 배치되도록 [도형 서식] 탭-[정렬] 그룹-[맞춤]-[가운데 맞춤]을 클릭합니다.

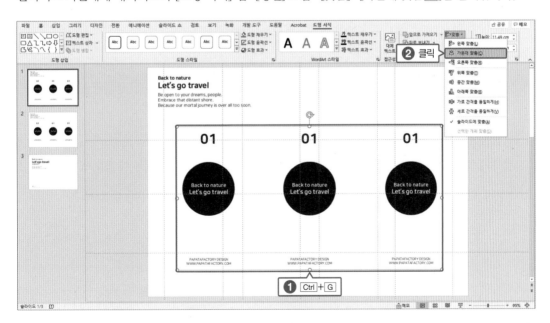

Tip 그룹으로 묶인 개체는 하나만 선택하면 나머지 그룹에 포함된 개체가 같이 선택됩니다. 그룹으로 묶인 개체는 하나의 도형처럼 편집할 수 있습니다.

신프로 특강 맞춤 기능 살펴보기

슬라이드 한 개에도 꽤 많은 개체가 배치됩니다. 이러한 개체들이 따로 놀지 않게 하려면 간격과 정렬을 잘 맞춰 보기 좋게 정렬해야 합니다. 그러려면 맞춤 기능의 하위 메뉴를 잘 알고 있어야 합니다. 물론 개체를 하나씩 정렬할 때는 눈금자나 안내선을 이용해도 충분합니다. 하지만 개체가 많을 때는 전체적인 균형감을 고려해야 하고 한꺼번에 위치를 맞추고 정렬하는 것이 효율적입니다.

◎ **왼쪽 맞춤** 선택한 여러 개체를 왼쪽으로 맞춥니다. 텍스트 상자를 왼쪽 맞춤할 때는 [홈] 탭-[단락] 그룹-[왼쪽 맞춤≣]을 실행한 후 정렬 기능을 사용하는 것이 좋습니다. 텍스트 상자는 안에 입력된 텍스트가 아니라 텍스트 상자의 크기를 기준으로 정렬되기 때문입니다.

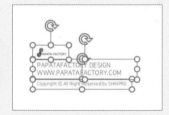

◎ **가운데 맞춤** 선택한 여러 개체를 가운데로 맞춥니다. 왼쪽 맞춤과 마찬가지로 텍스트 상자는 [홈] 탭-[단락] 그룹-[가운데 맞춤≣]을 실행한 후 정렬하는 것이 좋습니다. 선택한 개체들을 슬라이드 기준으로 가운데에 맞추려면 [슬라이드에 맞춤]에 체크하고 [가운데 맞춤≣]을 실행합니다.

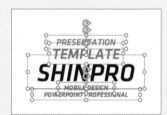

◎ **오른쪽 맞춤** 선택한 여러 개체를 오른쪽으로 맞춥니다. 마찬가지로 텍스트 상자는 [홈] 탭-[단락] 그룹-[오른쪽 맞춤≣]을 먼저 실행해야 합니다.

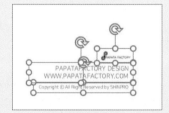

◎ **위쪽/중간/아래쪽 맞춤** 선택한 개체 또는 슬라이드를 기준으로 위, 아래, 중간으로 맞춥니다. 맞춤 기준은 하위 메뉴인 [슬라이드에 맞춤] 또는 [선택한 개체 맞춤] 중 하나를 선택할 수 있습니다.

◎ **가로 간격을 동일하게** 선택한 여러 개체의 좌우 간격을 동일하게 맞춥니다. 다음과 같이 개체가 가로로 나열되어 있을 때 사용합니다.

◎ **세로 간격을 동일하게**　선택한 여러 개체를 기준으로 상하 간
격을 동일하게 맞춥니다. 다음과 같이 개체가 세로로 나열되어 있
을 때 사용합니다. 간격을 맞추는 기준은 다른 맞춤과 마찬가지로
슬라이드와 선택한 개체 중에서 선택할 수 있습니다.

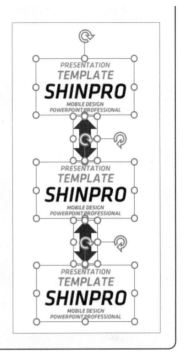

개체 앞/뒤 순서 정렬하기

슬라이드에 개체를 여러 개 배치할 때는 개체 간격을 맞추는 방법과 함께 앞뒤 배치 순서를 정렬하는 방법
도 알아야 합니다. 개체의 앞/뒤 순서에 따라 전혀 다른 디자인이 될 수 있습니다. 개체의 앞/뒤 순서는 만
든 순서대로 정해집니다. 가장 먼저 만든 개체가 가장 뒤에 놓이고 마지막에 만든 개체가 가장 앞에 놓입
니다.

개체의 앞/뒤 순서를 바꾸려면 마찬가지로 정렬 기능을 이용합니다. 원하는 개체를 선택하고 [홈] 탭-[그리
기] 그룹-[정렬]을 클릭하면 나타나는 [개체 순서] 항목의 기능을 이용합니다. 개체를 마우스 오른쪽 버튼으
로 클릭하면 나타나는 바로가기 메뉴에서 [맨 앞으로 가져오기🔳] 혹은 [맨 뒤로 보내기🔳]를 이용해도 됩
니다.

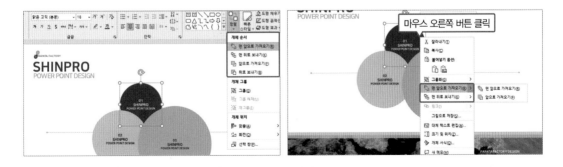

TiP　[도형 서식] 탭-[정렬] 그룹-[앞으로 가져오기🔳], [뒤로 보내기🔳]를 이용하는 방법도 있습니다.

● **앞으로 가져오기** 현재의 개체 배치 순서에서 한 단계만 앞으로 가져옵니다.

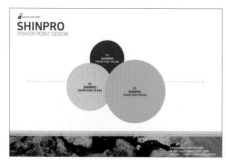 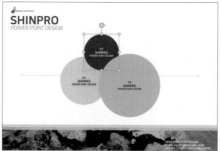

● **맨 앞으로 가져오기** 현재 슬라이드에 있는 모든 개체의 맨 앞으로 가져옵니다.

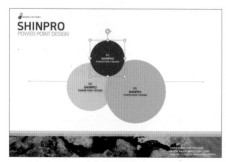 

● **뒤로 보내기** 현재의 개체 배치 순서에서 한 단계만 뒤로 보냅니다.

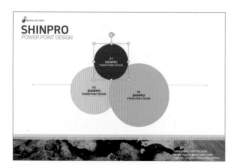 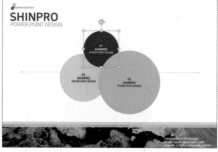

● **맨 뒤로 보내기** 현재 슬라이드에 있는 모든 개체의 맨 뒤로 보냅니다.

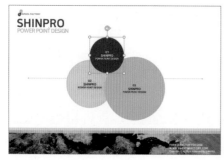 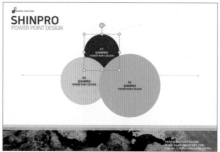

LESSON 07

메시지에 힘을 실어주는 이미지 활용하기

이미지는 내용을 효과적으로 전달할 때 큰 도움이 됩니다. 예를 들어 'LOVE'라는 글자만 있는 것보다 하트 이미지를 함께 배치하면 메시지가 좀 더 효과적으로 전달됩니다. 또한 '사랑'이 남녀의 사랑이 아닌 다른 사랑을 의미한다면 그에 맞는 적절한 이미지를 넣어 의미를 더 명확하게 전달할 수도 있습니다.

적합한 이미지 찾기

전달하려는 메시지에 맞는 이미지를 모두 직접 촬영하거나 만들면 좋겠지만, 비용이나 시간이 허락하지 않는 경우가 많습니다. 이럴 때를 대비하여 원하는 이미지를 구할 수 있는 다양한 경로를 알아두어야 합니다.

무료 이미지 사이트

가장 쉽게 이용할 수 있는 곳은 무료 이미지 사이트입니다. 조금만 시간을 내도 고해상도 무료 이미지를 어렵지 않게 찾을 수 있습니다. 대표적인 무료 이미지 사이트에는 픽사베이와 플리커, 언스플래시, 펙셀스가 있습니다. 무료 이미지 사이트에 직접 접속하여 원하는 이미지를 찾아보길 바랍니다.

픽사베이 pixabay.com

플리커 flickr.com

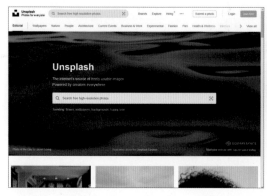

언스플래시 unsplash.com　　　　　　　　　　펙셀스 pexels.com

Tip 이외에도 letscc.net, unsplash.com, imagebase.net, imcreator.com/free, morguefile.com, splitshire.com, getrefe. tumblr.com, pubilcdomainarchive.com, littlevisuals.co, foodiesfeed.com, gratisography.com 등 다양한 무료 이미지 사이트가 있습니다.

구글 이미지 검색

구글은 세계적인 검색 엔진입니다. 그만큼 다양한 자료가 넘쳐납니다. 구글 이미지(images.google. com) 역시 마찬가지입니다. 구글 이미지 검색 창에 원하는 이미지를 키워드로 입력하여 검색해봅니다. 검색어를 영문으로 입력하면 더 많은 자료를 찾을 수 있습니다.

구글 이미지 검색은 자료가 방대한 것도 장점이지만 검색한 후 [도구]를 클릭하여 이미지 크기, 색상, 유형, 사용 권한 등으로 필터링할 수 있다는 것도 큰 장점입니다. 여기서 중요한 옵션이 사용 권한입니다. 검색한 이미지를 자유롭게 사용할 수 있는지 확인하는 옵션입니다.

아래 그림은 사용 권한을 따로 설정하지 않은 경우와 [수정 후 재사용 가능]으로 설정한 경우의 화면입니다. 검색된 이미지에 차이가 있음을 알 수 있습니다. 비교적 자유롭게 사용할 수 있는 이미지를 찾으려면 [수정 후 재사용 가능]으로 설정하여 검색하는 것이 좋습니다.

구글 이미지 검색 결과

Tip 배경이 없는 투명한 이미지를 찾을 때는 구글 이미지 검색에서 찾고자 하는 키워드와 **png**를 함께 입력해서 검색합니다.

유료 이미지 사이트

유료 이미지 사이트는 말 그대로 이미지를 사용하려면 비용을 결제해야 하는 사이트입니다. 비용을 지불해야 쓸 수 있는 이미지이므로 무단으로 사용하면 저작권법에 따라 처벌받을 수 있습니다. 비용을 내고 사용 권한을 얻었다 하더라도 영구히 쓸 수 있는 이미지가 있고 그렇지 않은 이미지가 있습니다. 용도, 횟수, 기간, 파일 크기 등에 따라 비용이 달라지거나 사용을 제한하는 이미지도 있습니다.

정액제로 이용하는 유료 이미지 사이트는 무료 이미지 사이트보다 다양한 이미지를 보유한 경우가 많으므로 그만큼 품질 높은 이미지를 검색할 수 있습니다. 또한 콘셉트에 맞는 이미지를 찾을 수 있도록 최적화되어 있습니다. 유료 이미지는 상업적인 용도로 사용하는 회사에서 주로 이용합니다. 개인이 이용하기에는 비용이 부담스러울 수 있지만, 개인이라도 기업의 의뢰를 받아 진행하는 프로젝트라면 저작권을 침해하지 않는 유료 이미지를 사용하는 것이 좋습니다. 대표적인 유료 이미지 사이트에는 셔터스톡과 게티이미지코리아가 있습니다.

셔터스톡 shutterstock.com   게티이미지코리아 gettyimageskorea.com

원하는 모양으로 이미지 자르기

이미지를 슬라이드에 삽입할 때는 [삽입] 탭-[이미지] 그룹-[그림]을 클릭하여 원하는 삽입 방식을 선택합니다. 이미지 파일을 슬라이드로 드래그해서 바로 삽입할 수도 있습니다. 작업 방식과 상황에 따라 편한 방법을 사용하면 됩니다. 또 삽입한 이미지는 그대로 사용할 수도 있지만 목적에 따라 원하는 형태로 잘라서 활용할 수도 있습니다. 이미지를 삽입하고 원하는 모양으로 자르는 방법을 살펴보겠습니다.

Quick Guide   이미지를 원하는 모양으로 자르기

[삽입] 탭-[이미지] 그룹-[그림]-[이 디바이스] 클릭 ➡ [그림 삽입] 대화상자에서 이미지 선택해 삽입 ➡ 편집할 이미지
클릭 ➡ [그림 서식] 탭-[크기] 그룹-[자르기]-[도형에 맞춰 자르기]에서 원하는 도형 클릭

01   ❶ [삽입] 탭-[이미지] 그룹-[그림]-[이 디바이스]를 클릭합니다. ❷ [그림 삽입] 대화상자가 나
타나면 예제로 제공되는 **CHAPTER02\img\img0023.jpg** 파일을 찾아 더블클릭합니다.

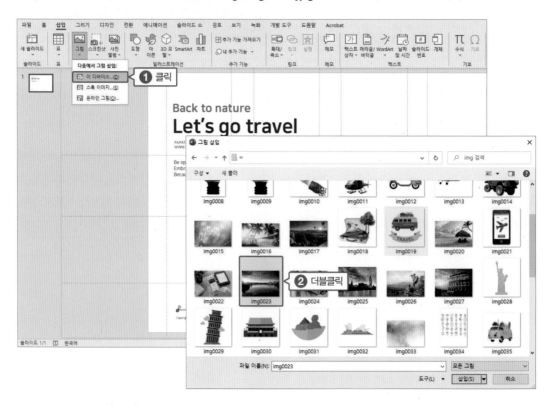

02 ❶ 삽입한 이미지를 클릭하면 나타나는 ❷ [그림 서식] 탭–[크기] 그룹–[자르기]의 ▾ 를 클릭하고 ❸ [도형에 맞춰 자르기]–[평행 사변형▱]을 클릭합니다.

> **Tip** [자르기]의 ▨를 바로 클릭하면 이미지가 자르기 편집 상태로 바뀝니다. 이 상태에서 특정한 모양이 아닌 현재 이미지 모양 (직사각형)으로 상하좌우를 원하는 크기로 자를 수 있습니다.

03 ❶ 왼쪽 변에 생긴 조절점을 드래그해 이미지의 왼쪽 영역을 적절히 자릅니다. ❷ 이미지 바깥 부분을 클릭하여 이미지 편집을 마칩니다.

> **Tip** 이미지가 평행사변형 모양으로 잘라집니다. 자르기 모드가 해제되면 [그림 서식] 탭 – [크기] 그룹 – [자르기]의 ▨를 다시 클릭합니다.

Quick Guide   이미지를 원하는 비율로 자르기

이미지를 삽입하고 원하는 도형에 맞춰 자르기 ➡ [그림 서식] 탭–[크기] 그룹–[자르기]–[가로 세로 비율]에서 원하는 비율 선택

01 ❶ 슬라이드에 삽입된 이미지를 클릭합니다. ❷ [그림 서식] 탭–[크기] 그룹–[자르기]의 ▾을 클릭하고 ❸ [도형에 맞춰 자르기]–[타원◻]을 클릭합니다.

02 ❶ [그림 서식] 탭-[크기] 그룹-[자르기]의 ✓을 클릭하고 ❷ [가로 세로 비율]-[1:1]을 클릭합니다.

03 타원이 정원으로 바뀌면서 표시될 이미지 영역을 선택할 수 있는 상태가 됩니다. ❶ 이미지를 드래그해서 정원에 표시될 부분을 선택하고 ❷ Esc를 누르거나 이미지 이외의 다른 부분을 클릭해서 편집을 마칩니다.

04 이미지 크기를 조절한 후 배경으로 사용할 도형 위에 배치하면 디자인이 완성됩니다.

Tip 비율을 변경하거나 자른 이미지는 [그림 서식] 탭-[조정] 그룹-[그림 원래대로]-[그림 및 크기 다시 설정]을 클릭해서 처음 상태로 되돌릴 수 있습니다.

Quick Guide   도형 병합 기능으로 이미지 편집하기

이미지 선택하고 Ctrl 누른 상태에서 도형 선택 ➡ [도형 서식] 탭-[도형 삽입] 그룹-[도형 병합]-[교차◎] 클릭

01 ❶ 2번 슬라이드에서 작업합니다. ❷ 삽입된 이미지를 클릭하고 ❸ Ctrl을 누른 상태에서 도넛 도형을 클릭합니다. ❹ [도형 서식] 탭-[도형 삽입] 그룹-[도형 병합]-[교차◎]를 클릭합니다.

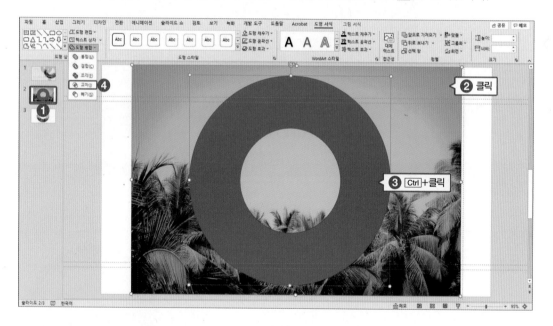

02 도넛 도형 안에 이미지가 포함됩니다.

Tip [조각]을 클릭하면 도넛 안의 원형과 도넛 바깥쪽 도형으로 분리됩니다. 필요한 이미지만 두고 나머지는 삭제한 후 원하는 곳에 배치해도 됩니다.

03 ❶ [그림 서식] 탭–[크기] 그룹–[자르기]를 클릭하고 ❷ 도형 안에 포함된 이미지의 위치와 크기를 알맞게 조절합니다. ❸ Esc 를 눌러 편집을 마칩니다.

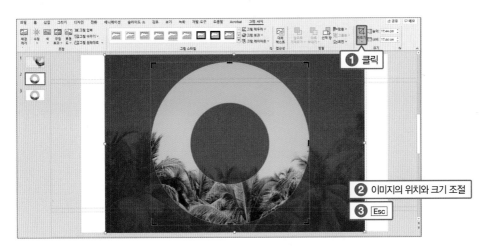

Tip [교차◎] 대신 [빼기◎]를 클릭하면 이미지와 겹쳐진 도형 부분만 없앨 수 있습니다.

이미지 배치를 바꿔 변화 주기

이미지를 원하는 모양으로 잘라서 배치하는 것보다 일상적으로 많이 사용하는 방법은 배치를 바꾸는 것입니다. 단순히 이미지를 삽입하고 이미지 주위에 표시되는 조절점을 드래그해서 크기만 변경하여 배치하거나 자르기 기능으로 원하는 크기로 잘라 배치합니다. 이렇게 크기를 조절하거나 잘라낸 이미지를 어느 위치에 배치하느냐에 따라 전혀 다른 느낌을 낼 수 있습니다. 다음과 같이 위치에 따라 달라지는 느낌을 확인하고 적절한 상황에 활용해봅니다.

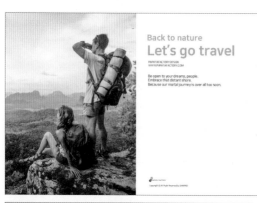

이미지 배치의 다양한 사례

파일 용량을 줄이는 이미지 압축 기능

슬라이드에 삽입하는 이미지는 컴퓨터 화면뿐만 아니라 빔 프로젝트를 이용해서 큰 화면으로 보는 경우가 많습니다. 따라서 고해상도 이미지를 사용해야 문제가 없지만 그렇다고 해상도가 한없이 높아지면 파일 용량이 커져 간혹 작업 중에 컴퓨터가 멈추곤 합니다. 이런 상황을 막으려면 이미지 파일을 최적의 상태로 압축해서 작업해야 합니다. 고해상도 이미지를 압축하려면 이미지를 선택하고 [그림 서식] 탭-[조정] 그룹-[그림 압축]을 클릭합니다.

그림 압축 기능

[그림 압축] 대화상자가 나타나면 [압축 옵션]과 [해상도]를 선택합니다. [그림 압축] 대화상자의 각 옵션은 다음과 같습니다.

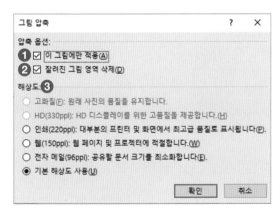

[그림 압축] 대화상자

❶ **이 그림에만 적용** 선택한 그림에만 압축을 적용합니다. 체크를 해제하면 현재 파워포인트 파일에 삽입된 모든 이미지를 압축합니다.

❷ **잘려진 그림 영역 삭제** 자르기 기능을 이용해 화면에 표시되지 않는 영역을 완전히 제거합니다. 단, 이 옵션에 체크하면 편집한 그림을 원래대로 되돌릴 수 없습니다.

❸ **해상도** 용도에 따라 이미지 압축 정도를 선택합니다. 150ppi 정도면 프레젠테이션용은 물론 인쇄용으로도 적절하므로 최적의 상태로 압축할 수 있습니다.

CHAPTER

03

표현력
향상을 위한
요소 디자인 연습

CHAPTER 02에서는 텍스트, 도형, 선, 그라데이션, 이미지 등의 기능 활용법을 익혔습니다. 이제 앞에서 배운 내용을 바탕에 두고 프레젠테이션의 표, 그래프, 도해/도식과 같은 디자인 요소를 만들어보겠습니다. 표, 그래프, 도해/도식 등은 프레젠테이션 디자인에 매우 유용하게 쓸 수 있는 요소입니다. 특히 보고서나 기획서와 같은 보고용 문서에 자주 사용합니다. 디자인 요소의 다양한 표현 방법을 살펴보겠습니다.

요약하고 정리하는 데 탁월한 표 디자인

표는 파워포인트의 기본 기능을 이용하면 간단히 만들 수 있습니다. 삽입한 표에서 셀 색, 테두리 색, 두께 등을 조절하면 전혀 다른 느낌을 연출할 수 있습니다. 기본 표를 삽입하고 전체적인 디자인 콘셉트에 맞춰 표를 편집하면 훨씬 감각적인 슬라이드를 만들 수 있습니다.

표 삽입하고 테두리 편집하기

표를 사용하기 위해 가장 먼저 알아야 하는 기능인 표 삽입과 테두리 편집 방법을 살펴보겠습니다.

◯ **표 영역에서 삽입하기** [삽입] 탭-[표] 그룹-[표]를 클릭하면 [표 영역], [표 삽입], [표 그리기], [Excel 스프레드시트] 메뉴가 나타납니다. 원하는 행과 열 개수만큼 [표 영역]을 드래그하면 슬라이드에 표가 바로 삽입됩니다.

◯ **대화상자로 삽입하기** [표 삽입] 대화상자를 이용해서 표를 만들 수도 있습니다. [삽입] 탭-[표] 그룹-[표]-[표 삽입]을 클릭하면 [표 삽입] 대화상자가 나타납니다. [열 개수]와 [행 개수]에 원하는 숫자를 입력하고 [확인]을 클릭하면 슬라이드에 표가 삽입됩니다.

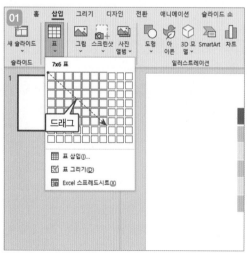
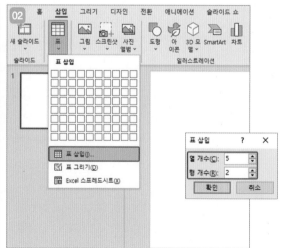

◯ **표 편집하기**　표는 표를 클릭하면 나타나는 [테이블 디자인] 탭과 [레이아웃] 탭에서 편집합니다. [테이블 디자인] 탭-[표 스타일] 그룹의 테이블 갤러리에는 다양한 색상으로 구성된 표 스타일이 제공됩니다. 원하는 스타일을 클릭하면 표에 바로 적용됩니다.

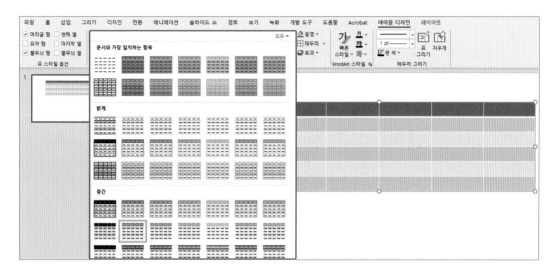

[표 스타일] 그룹의 테이블 갤러리를 이용하지 않고 각 테두리의 색이나 두께를 직접 편집할 수도 있습니다. 표의 테두리 색을 바꾸고 싶다면 [테이블 디자인] 탭-[테두리 그리기] 그룹-[펜 색]에서 원하는 색상을 선택합니다. 자동으로 [표 그리기]가 실행되고 마우스 포인터가 연필 모양 ✏으로 바뀝니다. 이 상태에서 색을 바꿀 테두리를 드래그하거나 클릭하면 테두리가 선택한 색으로 변경됩니다.

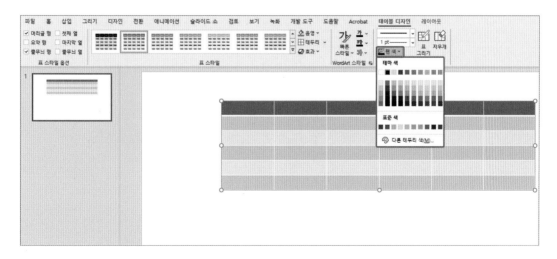

테두리 종류나 두께도 동일한 방법으로 편집합니다. [테이블 디자인] 탭-[테두리 그리기] 그룹-[펜 스타일] 혹은 [펜 두께]에서 원하는 종류, 두께를 클릭합니다. 이때도 동일하게 마우스 포인터가 연필 모양 ✐ 으로 바뀌면 편집할 테두리를 드래그하거나 클릭해서 변경합니다.

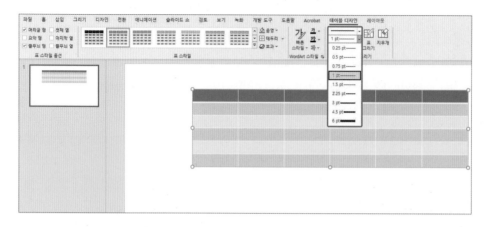

◎ **테두리 일괄 편집하기** 표 전체 테두리 또는 안쪽 테두리와 같이 특정 테두리를 일괄적으로 편집할 때는 [테두리] 기능을 사용하는 것이 효과적입니다. 표를 선택하고 [테이블 디자인] 탭-[테두리 그리기] 그룹에서 [펜 색], [펜 스타일], [펜 두께]를 우선 설정한 후 [표 스타일] 그룹-[테두리]를 클릭하고 일괄 변경할 테두리 종류를 클릭하면 한번에 변경됩니다.

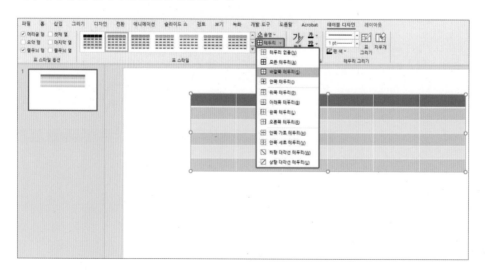

◎ **셀에 색상 채우기** 타이틀을 강조하거나 항목을 구분하기 위해 셀에 색을 채우고 싶을 때는 [음영] 또는 [도형 채우기]를 이용합니다. 먼저 색으로 채울 셀을 클릭하거나 드래그합니다. [테이블 디자인] 탭-[표 스타일] 그룹-[음영]을 클릭하거나 [홈] 탭-[그리기] 그룹에서 [도형 채우기]를 클릭하고 채울 색을 선택합니다.

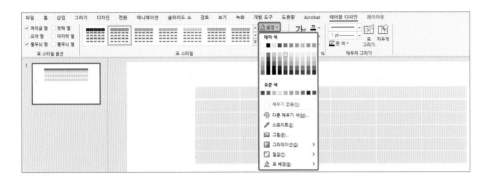

◎ **레이아웃 수정** 표를 삽입한 이후에도 행이나 열을 추가할 수 있습니다. 여러 셀을 하나로 병합할 수도 있고 반대로 셀 하나를 여러 셀로 나눌 수도 있습니다. 이러한 표 레이아웃 작업은 [레이아웃] 탭-[행 및 열], [병합] 그룹에서 편집할 수 있습니다. 이외에도 [셀 크기] 그룹에서 열 너비나 행 높이를 세부적으로 조절하거나, [맞춤] 그룹에서 각 셀의 텍스트 위치를 조정할 수 있습니다.

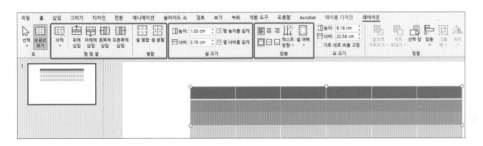

표의 특정 행이나 열을 드래그해 범위로 지정한 후 마우스 오른쪽 버튼을 클릭하면 나타나는 바로가기 메뉴에서 행이나 열을 삽입하거나 삭제할 수 있습니다.

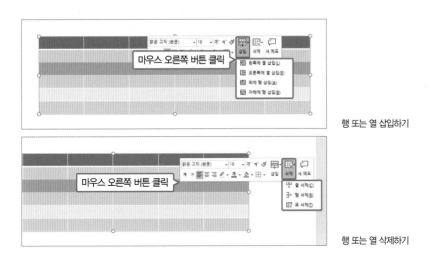

행 또는 열 삽입하기

행 또는 열 삭제하기

다양한 스타일로 표 디자인하기

표와 관련된 기본 기능만 알아도 디자인 콘셉트에 맞는 표를 쉽게 디자인할 수 있습니다. 표의 종류도 특정 열/행만 강조하는 스타일, 행/열 구분선이 없는 스타일 등 다양하게 골라 쓸 수 있습니다. 가장 기본적인 스타일로 표를 디자인해보고, 완성한 표 디자인을 변형하여 다양한 스타일로 연출해보겠습니다.

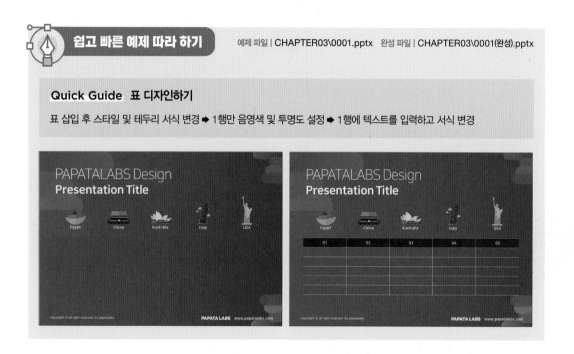

쉽고 빠른 예제 따라 하기   예제 파일 | CHAPTER03\0001.pptx   완성 파일 | CHAPTER03\0001(완성).pptx

Quick Guide   표 디자인하기

표 삽입 후 스타일 및 테두리 서식 변경 ➡ 1행만 음영색 및 투명도 설정 ➡ 1행에 텍스트를 입력하고 서식 변경

01   각 나라별 여행 계획을 표로 정리해보겠습니다. ❶ [삽입] 탭-[표] 그룹-[표]를 클릭하고 ❷ 표 영역이 [5×6 표]가 되도록 드래그해서 표를 삽입합니다.

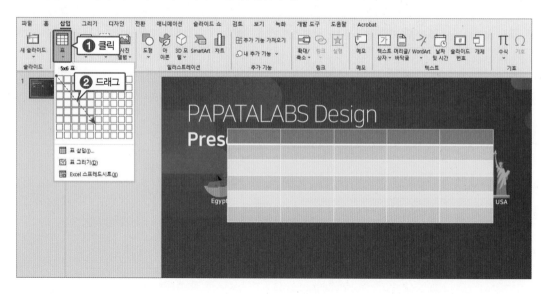

02 ❶ 표의 바깥쪽 테두리를 클릭해 표 전체를 선택합니다. ❷ [테이블 디자인] 탭-[표 스타일] 그룹의 테이블 갤러리에서 [스타일 없음, 표 눈금]을 클릭합니다.

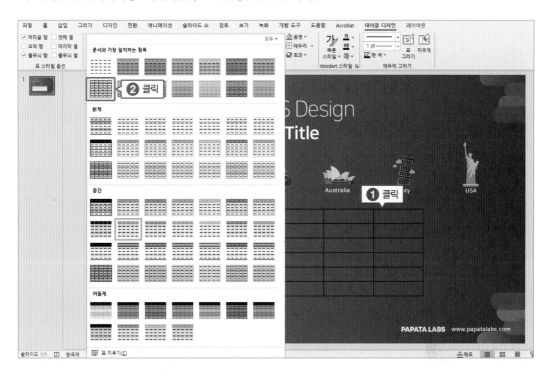

03 표의 테두리에 생긴 조절점을 드래그해 위쪽 나라별 아이콘 이미지와 표 열의 간격이 맞도록 크기와 위치를 조절합니다.

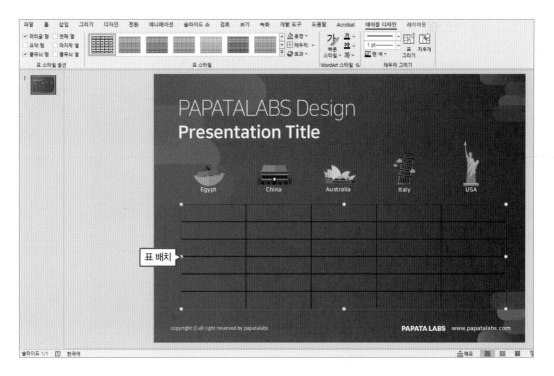

04 표 테두리를 변경해보겠습니다. 표가 선택된 상태에서 ❶ [테이블 디자인] 탭–[테두리 그리기] 그룹에서 [펜 색]을 [흰색, 배경1]로, [선 두께]를 [1pt]로 설정합니다. 설정한 테두리 스타일을 적용하기 위해 ❷ [테이블 디자인] 탭–[표 스타일] 그룹–[테두리]의 ⌄을 클릭하고 ❸ [모든 테두리]를 클릭합니다.

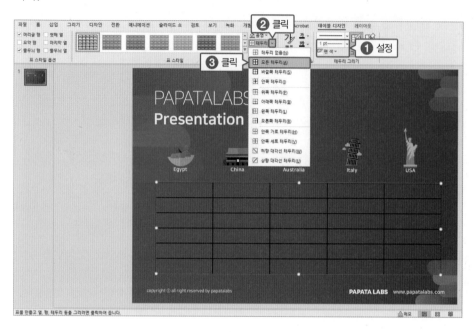

05 ❶ [테이블 디자인] 탭–[테두리 그리기] 그룹–[테두리 종류]를 [테두리 없음]으로 설정합니다. ❷ [표 스타일] 그룹–[테두리]의 ⌄을 클릭하고 ❸ [왼쪽 테두리], [오른쪽 테두리]를 각각 클릭해서 좌우가 뚫린 표를 완성합니다.

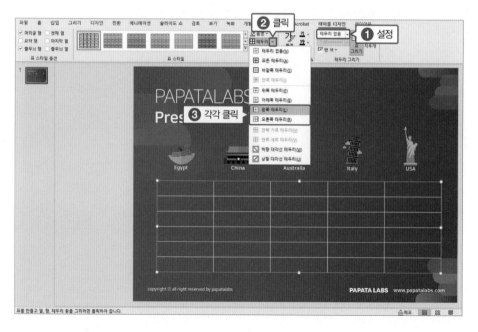

06 1행을 제목 행으로 강조해보겠습니다. ❶ 1행을 드래그해 선택하고 ❷ [테이블 디자인] 탭−[표 스타일] 그룹−[음영]−[다른 채우기 색]을 클릭합니다. ❸ [색] 대화상자의 [사용자 지정] 탭에서 색상값을 **R0/G32/B96**으로 설정한 후 ❹ [확인]을 클릭합니다.

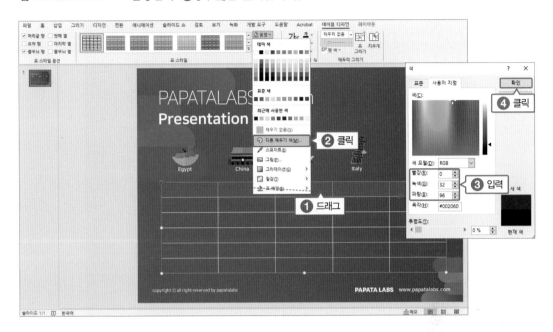

07 ❶ 강조한 제목 행에 **01**부터 **05**까지 숫자 텍스트를 입력하고 ❷ 드래그해 선택합니다. ❸ [홈] 탭−[단락] 그룹−[텍스트 맞춤📧▾]−[중간]을 클릭합니다.

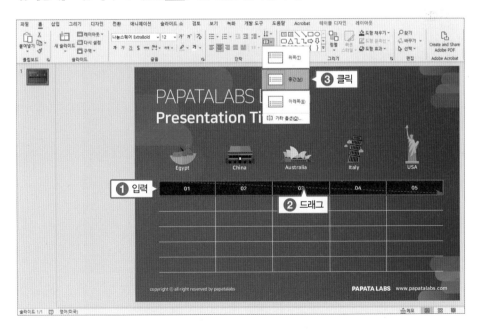

◉ **1행 강조** 앞의 실습에서는 제목 행에 채우기 색을 넣어 강조했습니다. 좀 더 강조하고 싶다면 위와 아래 테두리를 두껍게 표현하는 것도 좋습니다.

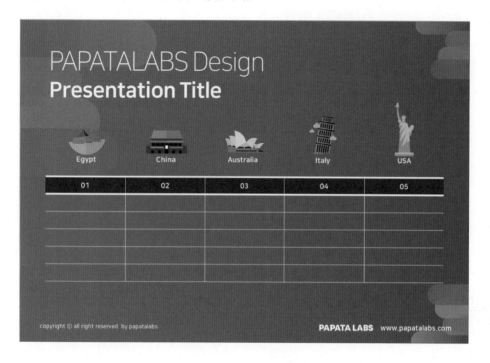

◉ **테두리로 강조** 채우기 색을 모두 빼고 제목 행의 위/아래 테두리만 강조하면 간결한 느낌을 연출할 수 있습니다. 여기에 더해 마지막 행의 아래쪽 테두리까지 강조하면 표 전체에 안정감을 줄 수 있습니다.

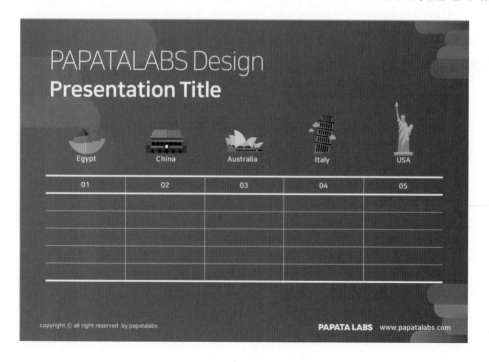

◎ **열 구분선 없애기** 열을 구분하는 세로 줄을 없애면 각 행에 포함된 내용을 한 줄로 확인할 수 있어 좋습니다. 표 디자인 역시 훨씬 간결해지므로 심플한 디자인에 어울립니다.

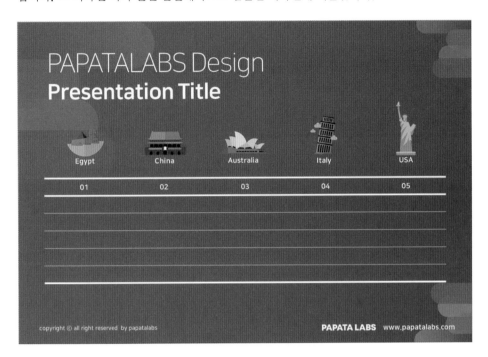

◎ **간격으로 열 구분하기** 열이 명확하게 구분되도록 열과 열 사이에 여백을 넣을 수 있습니다. 다음 표는 열과 열의 간격을 자유롭게 조정하기 위해 [1×6] 표를 디자인해서 복제한 다음 일정한 간격으로 나란히 배치한 것입니다.

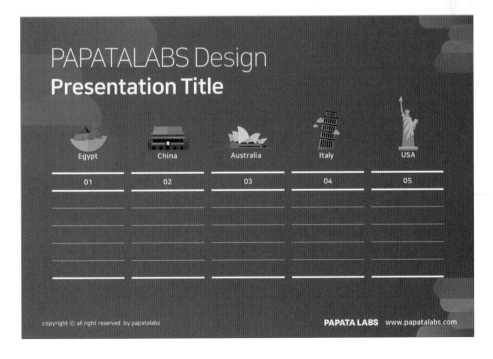

간격으로 열을 구분하고 제목 행에 채우기 색을 적용하면 제목 행을 더욱 강조할 수 있고, 간격으로 생기는 여백을 메울 수 있어 좋습니다.

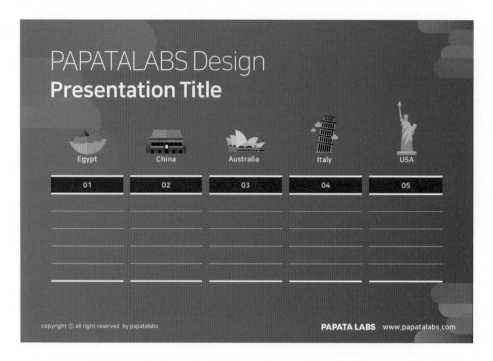

⬤ **간격으로 1행 강조하기**　제목 행과 나머지 행의 간격을 좀 더 넓혀 제목 행을 강조하는 방법도 있습니다. 다음 그림과 같이 제목 행으로 쓸 5×1 표와 내용 행으로 쓸 5×5 표를 각각 삽입하고 약간 간격을 두어 배치합니다.

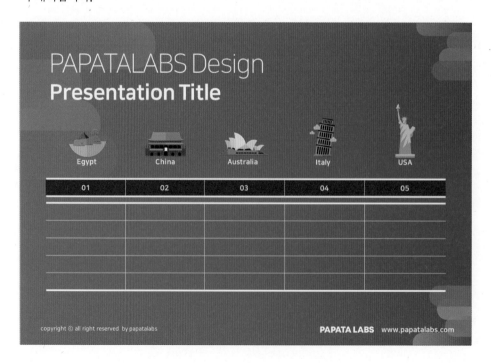

LESSON 02

내용을 전달하는 데 탁월한 그래프 디자인

보고서를 만들 때는 수치 자료를 분석하여 표로 정리하는 게 일반 적입니다. 하지만 표만 봐서는 각 수치를 빠르게 비교하기 어려워 수치가 담고 있는 의미를 놓칠 수 있습니다. 이럴 때 활용하는 것이 그래프입니다. 통계나 수치 정보를 그래프로 표현하면 내용을 시각 적으로 빠르게 전달할 수 있어 효과적입니다.

그래프 기본 기능 파악하기

파워포인트에는 매우 다양한 기본 차트가 제공되며, 차트를 편집할 수 있는 기능도 많습니다. 기본 차트를 응용해서 디자인하기 전에 차트를 삽입하고 편집하는 방법을 살펴보겠습니다.

◯ **차트 삽입하기** 표와 [삽입] 탭–[일러스트레이션] 그룹–[차트]를 클릭하면 [차트 삽입] 대화상자가 나 타납니다. 여기서 차트 종류와 세부 모양을 선택할 수 있습니다.

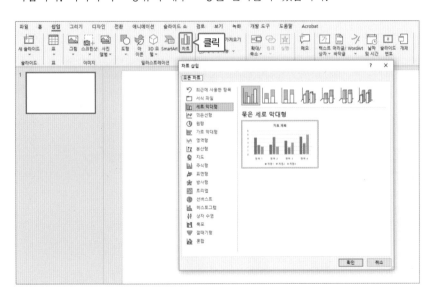

Quick Guide 차트 삽입하기

[삽입] 탭–[일러스트레이션] 그룹–[차트] 클릭 ➡ [차트 삽입] 대화상자에서 설정

◎ **데이터 입력하기**　삽입할 차트를 선택하면 임의의 데이터가 입력된 엑셀 표가 나타납니다. 엑셀 표의 계열, 항목 이름, 데이터값 등을 변경하면 삽입된 차트에 바로 반영됩니다.

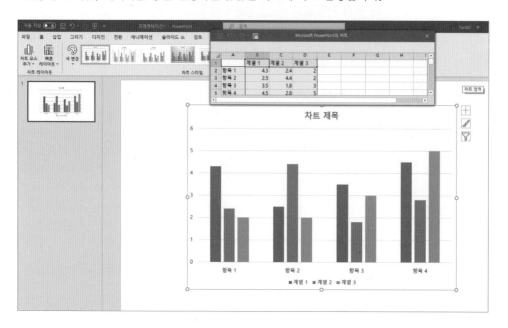

◎ **데이터 추가/삭제하기**　차트를 삽입하면 기본 데이터로 계열 세 개와 항목 네 개가 입력되어 있습니다. 계열과 항목을 추가하려면 '계열 3' 오른쪽 열과 '항목 4' 아래 행에 각각 계열과 항목값을 추가로 입력합니다. 반대로 계열이나 항목을 삭제하려면 음영으로 표시된 범위의 조절점을 드래그해서 범위를 줄입니다. 다음과 같이 '계열 3'까지 값이 입력되어 있어도 범위를 '계열 1'로 줄이면 차트에는 '계열 1'만 표시됩니다.

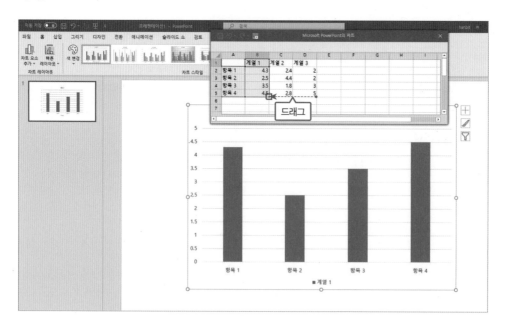

기본 데이터 범위와 값을 입력한 다음에는 엑셀 창을 닫아도 차트가 사라지지 않습니다. 기본 디자인으로 완성된 차트를 그대로 사용해도 되지만 대개는 디자인 콘셉트에 맞게 편집해서 사용합니다. 계열 색만 바꿔도 다른 느낌을 연출할 수 있습니다. 항목이나 계열 이름에 사용된 폰트나 색상을 바꾸거나 배치를 조정할 수도 있고 텍스트를 모두 삭제하여 차트만 남기기도 합니다. 이때 제목이나 데이터값 등 기본으로 제공하는 차트의 각 요소 대신 별도의 텍스트 상자 등을 이용해 배치하면 디자인을 좀 더 자유롭게 변형할 수 있습니다.

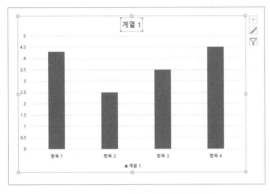 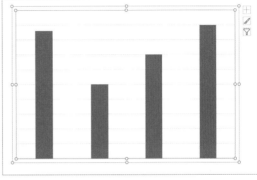

텍스트 요소를 모두 삭제하여 깔끔하게 표현한 차트(수정 전)　　　　　　(수정 후)

◉ **항목 색상 변경하기**　차트에서 각 계열의 색을 변경하려면 도형 윤곽선이나 채우기 색상을 변경할 때와 마찬가지로 변경할 계열을 클릭하고 [서식] 탭-[도형 스타일] 그룹을 이용합니다. 계열을 클릭하면 동일한 계열이 모두 선택되고, 한 번 더 클릭하면 해당 항목의 계열만 선택됩니다.

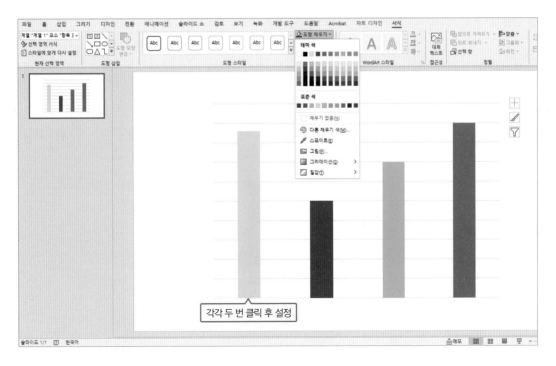

◉ **계열 옵션 변경하기** 막대그래프의 막대 간격 너비도 조정할 수 있습니다. 계열을 클릭하고 마우스 오른쪽 버튼을 클릭한 후 [데이터 요소 서식]을 클릭합니다.

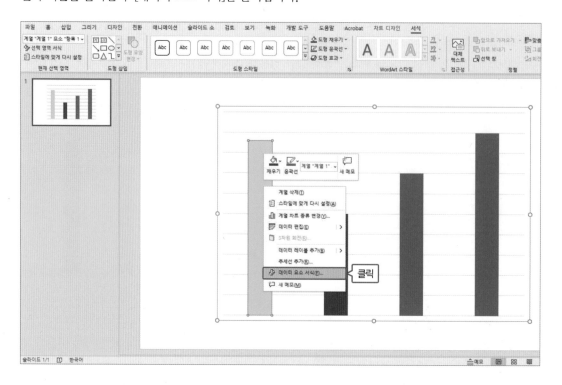

슬라이드 오른쪽에 [데이터 요소 서식] 작업 창이 나타나면 [계열 옵션]에서 [간격 너비]를 조정합니다. [간격 너비]의 값이 커질수록 항목 사이 간격이 넓어집니다.

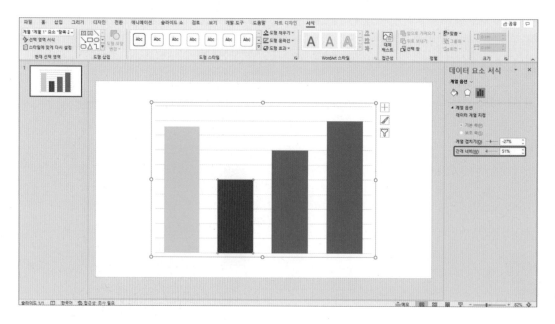

다양한 스타일로 차트 디자인하기

차트를 삽입한 다음에는 차트 안에 텍스트, 아이콘, 이미지 등을 추가하여 디자인합니다. 강조할 값의 색을 특별하게 처리하거나 관련된 이미지 등을 활용하면 차트의 내용을 풍부하게 구성할 수 있습니다.

 **쉽고 빠른 예제 따라 하기** 예제 파일 | CHAPTER03\0009.pptx 완성 파일 | CHAPTER03\0009(완성).pptx

Quick Guide 차트 디자인하기

[삽입] 탭−[일러스트레이션] 그룹−[차트] 클릭 ➡ [차트 삽입] 대화상자에서 [세로 막대형]−[묶은 세로 막대형] 삽입 ➡ 불필요한 요소 삭제 ➡ 데이터 계열 서식 변경 ➡ 막대그래프 도형 채우기 색 변경 ➡ 텍스트와 아이콘 배치 ➡ 이미지를 차트 앞으로 가져오기

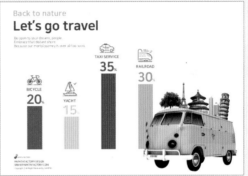

01 ❶ [삽입] 탭−[일러스트레이션] 그룹−[차트]를 클릭합니다. ❷ [차트 삽입] 대화상자에서 [세로 막대형]−[묶은 세로 막대형]을 클릭하고 ❸ [확인]을 클릭합니다.

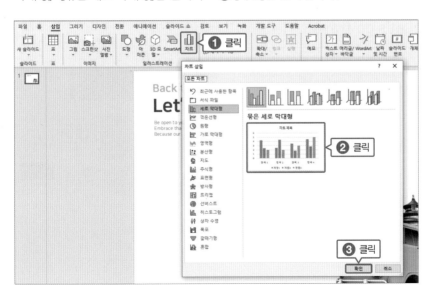

02 항목과 계열을 입력할 수 있는 엑셀 창이 열립니다. ❶ 데이터 입력 범위의 파란색 조절점을 왼쪽으로 드래그해서 '계열 1'만 남기고 ❷ 항목의 값을 **20, 15, 35, 30**으로 각각 수정합니다. ❸ ⨯를 클릭해 엑셀 창을 닫으면 표는 사라지고 차트만 남습니다.

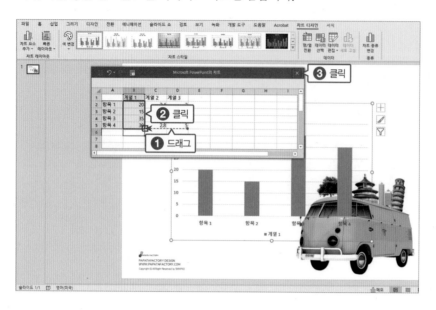

03 차트에 텍스트와 이미지를 삽입할 것이므로 ❶ 그래프 도형과 눈금선을 제외한 나머지 요소를 모두 클릭하여 선택하고 Delete 를 눌러 삭제합니다. 그래프 도형을 더욱 강조해보겠습니다. ❷ 눈금선을 클릭하고 ❸ [홈] 탭–[그리기] 그룹–[도형 윤곽선]–[다른 윤곽선 색]을 클릭합니다. ❹ [색] 대화상자에서 색상값을 옅은 회색 **R242/G242/B242**으로 설정한 후 ❺ [확인]을 클릭합니다.

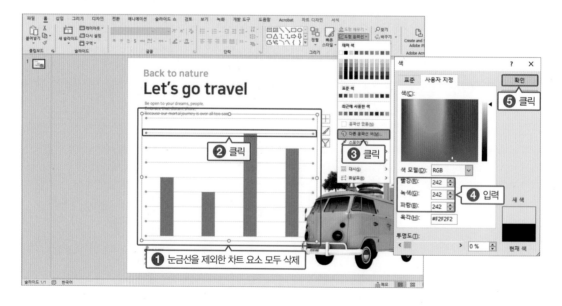

04 ❶ 막대그래프 도형을 마우스 오른쪽 버튼으로 클릭하고 ❷ [데이터 계열 서식]을 클릭해 [데이터 계열 서식] 작업 창을 엽니다. ❸ [계열 옵션]에서 [계열 겹치기]를 **0%**, [간격 너비]를 **150%**로 설정하여 막대 굵기를 변경합니다.

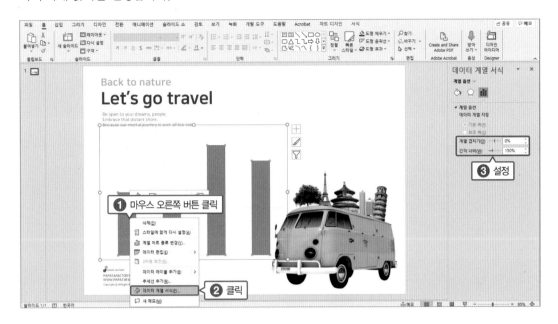

05 각 항목을 구분해보겠습니다. ❶ 막대그래프 도형을 두 번 클릭해 하나만 선택하고 ❷ [서식] 탭-[도형 스타일] 그룹-[도형 채우기]-[최근 사용한 색]에서 색을 변경합니다. ❸ 나머지 도형의 색도 동일한 방법으로 각각 다르게 지정합니다.

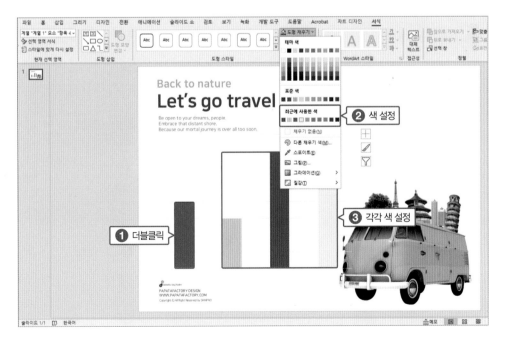

06 차트의 크기를 다시 적절히 조절하고 각 항목의 데이터값을 텍스트로 입력해서 꾸밉니다. 차트의 내용을 이해하도록 도와줄 수 있는 아이콘도 넣어 배치합니다. 아이콘과 텍스트 자료는 완성 파일을 참고하여 삽입합니다.

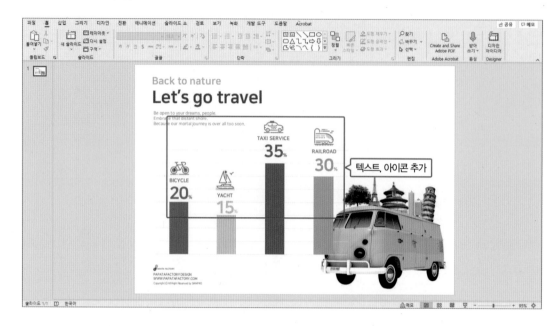

07 슬라이드에 삽입된 이미지를 차트 앞에 배치해보겠습니다. ❶ 자동차 이미지를 마우스 오른쪽 버튼으로 클릭하고 ❷ [맨 앞으로 가져오기]를 클릭해서 마무리합니다.

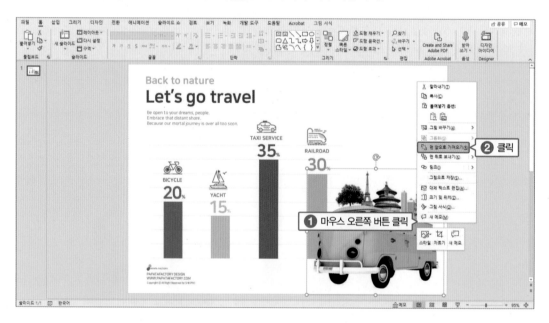

◯ **항목 강조하기** 특정 항목을 별도 영역에 한 번 더 표시하여 강조할 수 있습니다. 대신 아이콘이 반복해서 표시되면 너무 도드라질 수 있으므로 계열 막대 안쪽에 배치했습니다. 이렇게 무언가 강조할 때는 전체 균형이 무너지지 않도록 신경 써야 합니다.

항목을 강조하기 위해 특정 항목을 반복해서 표시할 수도 있지만 다음과 같이 계열 막대 자체를 꾸밀 수도 있습니다. 다음 디자인은 [홈] 탭-[그리기] 그룹의 도형 갤러리에서 [직각 삼각형▧]을 클릭해 도형을 그리고 크기, 방향, 색상 등을 변경하여 해당 계열 막대 위에 겹쳐서 배치한 것입니다.

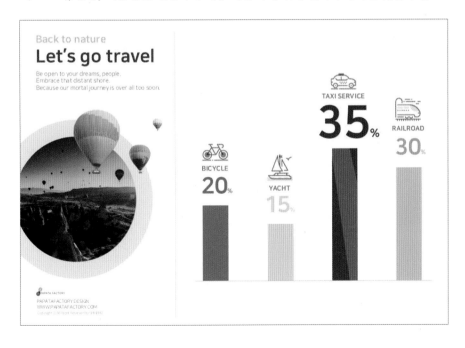

◎ 차트 종류 변경하기 항목별 계열이 하나만 있을 때는 막대그래프보다 원형 차트가 더 적합합니다.

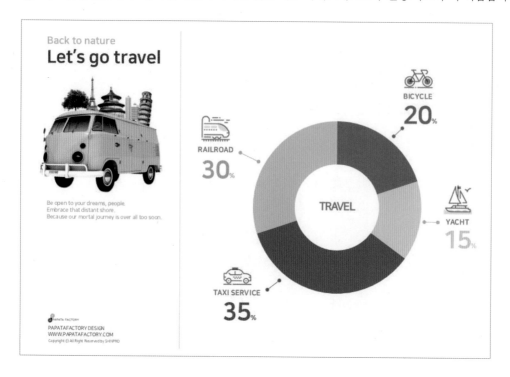

앞의 스타일에서 배경 이미지를 바꾸고 아이콘을 계열 안쪽에 배치하면 또 다른 느낌을 연출할 수 있습니다.

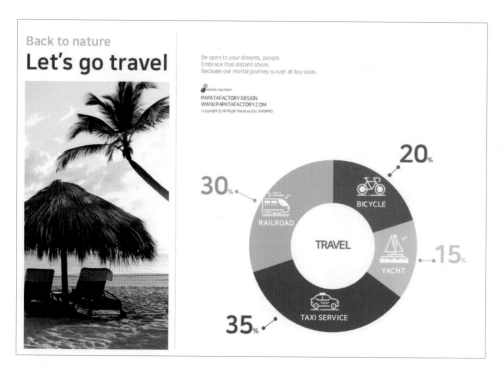

지금까지 배운 내용을 참고해서 차트 종류를 방사형 차트와 가로 막대형 차트 등으로 변경해보고, 바뀐 차트에 어울리게 텍스트와 아이콘 개체를 배치합니다.

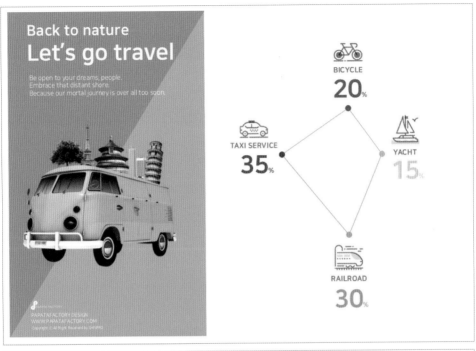

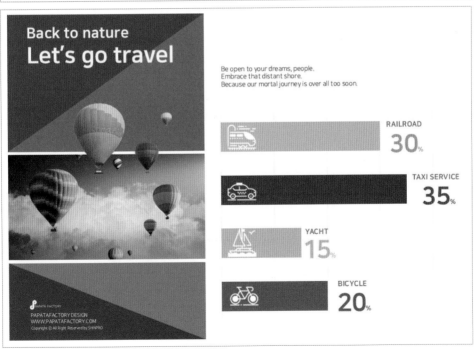

LESSON 03

흐름과 순서를 효과적으로 전달하는 도식/도해 디자인

순서를 표시하거나 내용의 흐름을 전달할 때 글로만 표현하면 이해하기 어렵고 경직되어 보일 수 있습니다. 이때 도형을 이용하면 내용을 명확하게 전달할 수 있습니다. 도형을 이용해 이해하기 쉽게 정리하는 작업을 도식화 표현이라고 합니다. SmartArt 기능을 이용하면 도식화 표현을 쉽게 할 수 있습니다.

도식화 표현을 위한 기본 기능 파악하기

파워포인트에서 도식화 표현을 하려면 두 가지 기능을 알아야 합니다. 하나는 기본적인 도형을 다루는 방법이고 다른 하나는 SmartArt 기능입니다. 도형을 다루는 방법은 앞에서 충분히 연습했고 이후에도 도형 위주로 실습을 진행하므로 먼저 SmartArt 기능을 간단히 알아보겠습니다.

◉ **SmartArt 삽입하기** [삽입] 탭-[일러스트레이션] 그룹-[SmartArt]를 클릭합니다. [SmartArt 그래픽 선택] 대화상자에서 원하는 형태를 선택할 수 있습니다. SmartArt 그래픽에는 아홉 개의 범주가 있고 각 범주마다 다양한 모양을 선택할 수 있습니다.

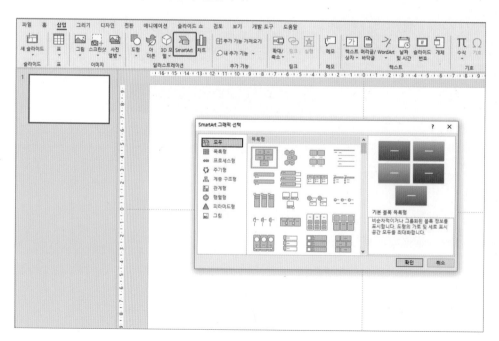

◉ **SmartArt 편집하기**　삽입한 SmartArt는 [SmartArt 디자인] 탭-[SmartArt 스타일] 그룹에 있는 SmartArt 갤러리 목록 중 하나를 선택해서 빠르게 변형할 수 있습니다. [SmartArt 스타일] 그룹-[색 변경]을 클릭하여 색상 테마도 변경할 수 있습니다.

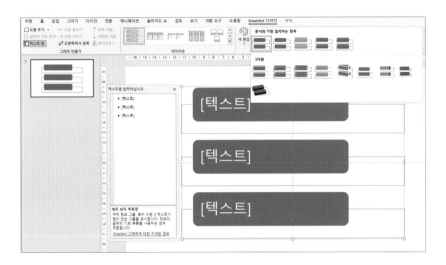

SmartArt 그래픽은 여러 도형과 텍스트 상자를 편리하게 쓸 수 있도록 조합해놓은 그래픽 요소입니다. 따라서 각 개체를 선택하고 [서식] 탭을 이용해 테두리나 채우기 색 등을 자유롭게 변경할 수 있습니다.

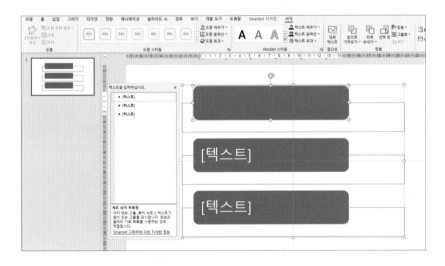

그리기 기능을 이용해 도식화 표현하기

많은 정보, 데이터, 지식을 그래픽 요소로 시각화하는 것을 도식화 표현이라고 합니다. 이런 도식화 표현을 좀 더 강화한 것이 요즘 유행하는 인포그래픽(Infographics)입니다. 도식화 표현을 쓰는 범위나 횟수가 늘다 보면 정형화된 SmartArt만으로는 원하는 도식을 표현하기 어렵다고 느낄 수 있습니다. 이럴 때는 도형 그리기 기능을 이용하여 좀 더 자유로운 형태로 도식을 표현할 수 있어야 합니다.

도형을 이용한 도식화는 기본적으로 도형을 삽입하고 도형 채우기 색, 도형 윤곽선 색, 투명도 등을 조절하여 디자인합니다. 디자인 개체는 개수에 맞춰 복사하고 배치한 후 핵심 내용을 입력하는 순서로 만듭니다. 다양한 도식화 표현을 연습하고 참고하다 보면 자연스럽게 콘셉트에 맞춰 변형할 수 있게 될 것입니다.

01 [홈] 탭-[그리기] 그룹의 도형 갤러리에서 [타원◯] 도형을 클릭하고 슬라이드에서 Shift 를 누른 채로 드래그하여 정원을 그립니다.

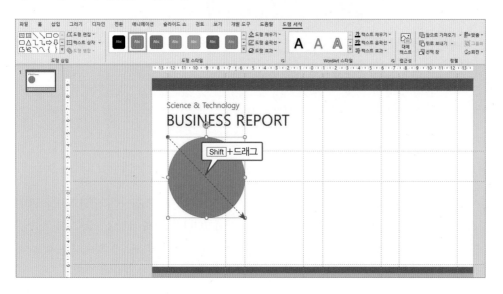

02 ❶ [도형 서식] 탭-[도형 스타일] 그룹-[도형 채우기]-[채우기 없음]을 클릭합니다. ❷ [도형 윤곽선]을 클릭한 후 ❸ 원하는 색을 클릭합니다. 예제에서는 [흰색, 배경 1, 25% 더 어둡게]를 선택했습니다.

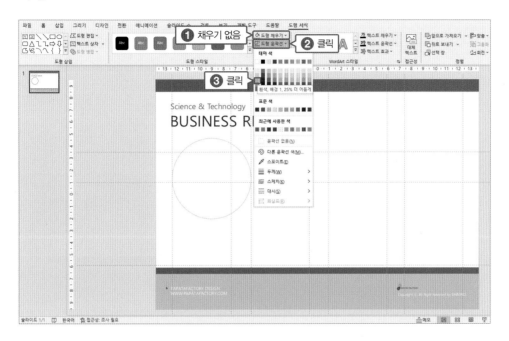

03 테두리만 남은 정원을 Ctrl+Shift를 누른 채로 네 번 드래그해서 다음과 같이 다섯 개 배치합니다.

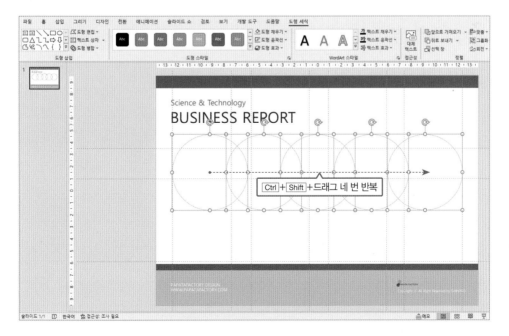

04 ❶ 두 번째 정원을 클릭하고 ❷ Shift 를 누른 상태에서 네 번째 정원을 클릭해 같이 선택합니다.
❸ [도형 서식] 탭–[도형 스타일] 그룹–[도형 윤곽선]–[청회색]을 클릭해 색을 변경합니다.

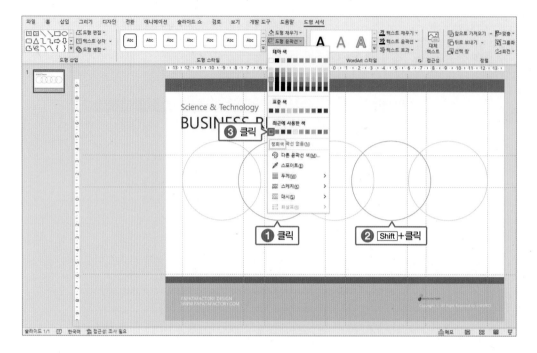

05 각 원에 대표 이미지를 삽입하거나 텍스트를 입력해서 도식화를 완성합니다. 아이콘과 텍스트 등은 완성 파일을 참조하여 작업해도 됩니다.

 **쉽고 빠른 예제 따라 하기**

예제 파일 | CHAPTER03\0017.pptx 완성 파일 | CHAPTER03\0017(완성).pptx

Quick Guide 위쪽 모서리가 둥근 사각형으로 만든 도식화

[사각형: 둥근 위쪽 모서리□] 도형 삽입 ➡ [도형 윤곽선]–[윤곽선 없음], [도형 채우기]에서 원하는 색 설정 ➡ [직사각형 □] 도형 삽입 ➡ [도형 윤곽선]–[윤곽선 없음], [도형 채우기]에서 원하는 색 설정 ➡ 도형 복제해 배치 ➡ 두 번째, 네 번째 도형 세트의 색 변경 ➡ 텍스트, 이미지 배치

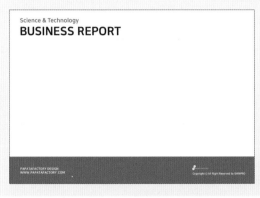

01 ❶ [홈] 탭–[그리기] 그룹의 도형 갤러리에서 [사각형: 둥근 위쪽 모서리□] 도형을 클릭합니다. ❷ 슬라이드에서 드래그하여 위쪽 모서리가 둥근 사각형을 삽입합니다.

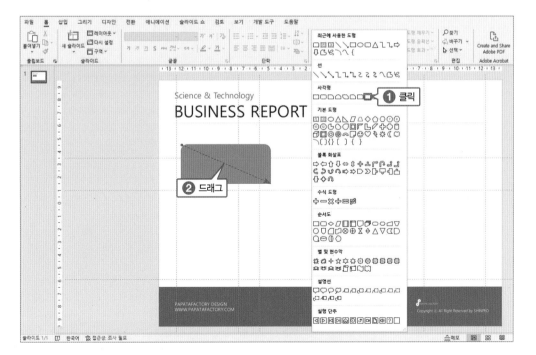

02 ❶ [홈] 탭-[그리기] 그룹-[도형 윤곽선]-[윤곽선 없음]을 클릭하고 ❷ [도형 채우기]는 적당한 색으로 변경합니다.

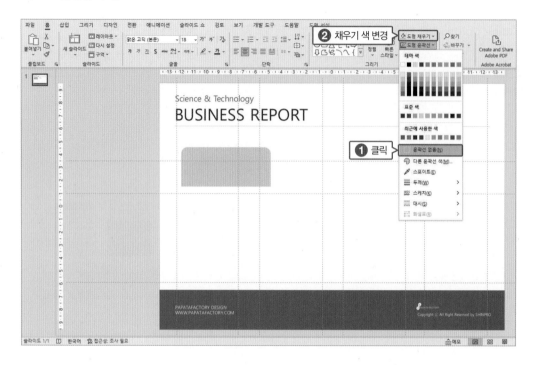

03 위쪽 모서리가 둥근 사각형 오른쪽 위에 있는 노란색 곡률 조절점●을 좌우로 드래그하여 곡률을 적당히 조절합니다.

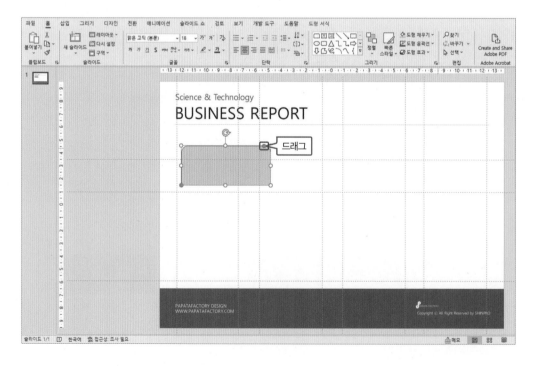

04 ① 슬라이드에 [직사각형▭] 도형을 삽입한 후 ② 윤곽선은 없애고 채우기 색을 바꿔 다음과 같이 배치합니다. ③ 위쪽 모서리가 둥근 사각형과 직사각형 세트를 필요한 만큼 복제하여 배치하고 ④ 두 번째와 네 번째에 있는 도형 세트의 색상을 변경합니다.

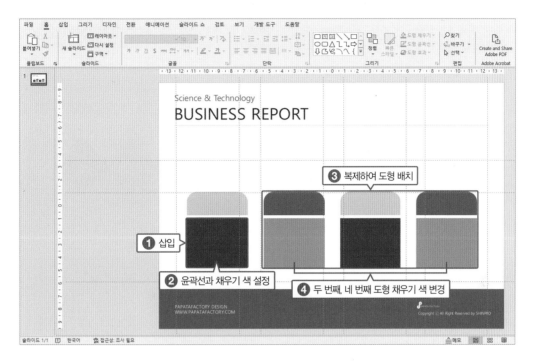

05 어울리는 아이콘 이미지와 텍스트를 배치하여 도식화를 마무리합니다. 아이콘과 텍스트 등은 완성 파일을 참조하여 작업해도 됩니다.

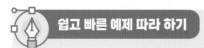

Quick Guide   다이아몬드 도형을 이용한 도식화

[다이아몬드◇] 도형 삽입 ➡ [도형 윤곽선]−[윤곽선 없음], [도형 채우기]−[다른 채우기 색] ➡ [색] 대화상자에서 투명도 적용 ➡ 도형 복제해 겹치게 배치 ➡ 도식화 마무리

01 ❶ [홈] 탭−[그리기] 그룹의 도형 갤러리에서 [다이아몬드◇] 도형을 클릭합니다. ❷ Shift 를 누른 상태로 드래그하여 다이아몬드 도형을 삽입합니다.

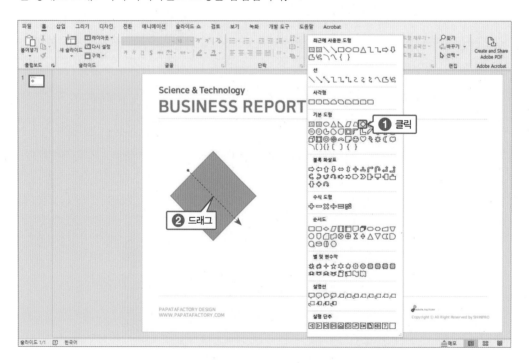

02 ❶ [도형 서식] 탭-[도형 스타일] 그룹-[도형 윤곽선]-[윤곽선 없음]을 클릭합니다. ❷ [도형 채우기]-[다른 채우기 색]을 클릭합니다.

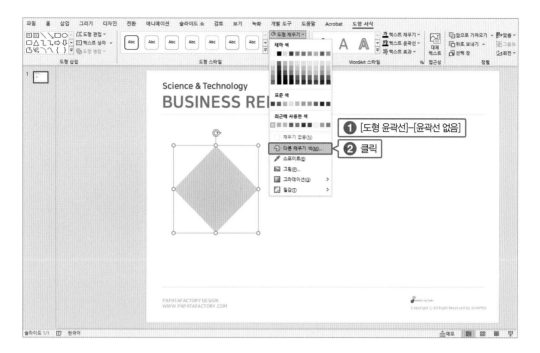

03 도형을 겹쳐서 배치할 것이므로 투명도를 적용하겠습니다. ❶ [색] 대화상자의 [사용자 지정] 탭에서 ❷ 색상값을 **R217/G217/B217**로 설정하고 ❸ [투명도]를 **20%**로 설정한 다음 ❹ [확인]을 클릭합니다.

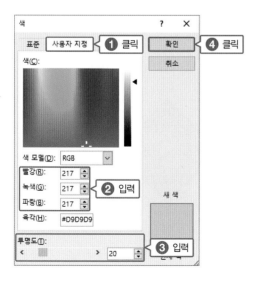

04 ❶ Ctrl + Shift 를 누른채로 도형을 세 번 드래그해 복제합니다. 이때 약간씩 겹치게 배치합니다.
❷ 두 번째와 네 번째 도형의 채우기 색을 변경합니다.

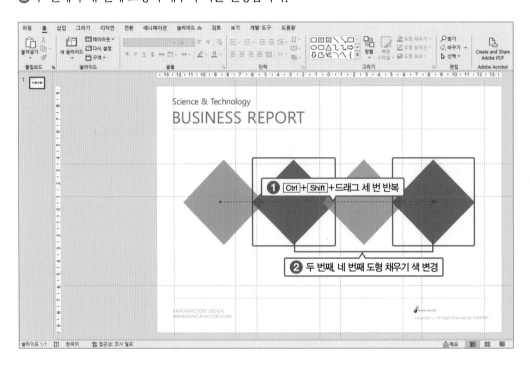

05 아이콘과 텍스트를 적당히 배치하여 다이아몬드 도형을 이용한 도식화를 마무리합니다. 아이콘
과 텍스트 등은 완성 파일을 참조하여 작업해도 됩니다.

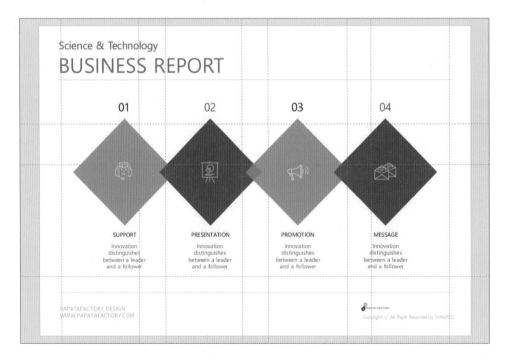

Quick Guide   육각형 도형을 이용한 도식화

[육각형○] 도형 삽입 ➡ [도형 윤곽선]−[윤곽선 없음], [도형 채우기]−[다른 채우기 색] ➡ [다이아몬드◇] 도형 삽입 ➡ 점
편집 기능으로 도형 모양 변경 ➡ 도형 겹쳐서 배치 ➡ 완성한 도형 복제해 배치 ➡ 도식화 마무리

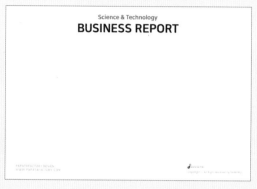

01 ❶ [홈] 탭−[그리기] 그룹의 도형 갤러리에서 [육각형○]을 클릭합니다. ❷ Shift를 누른 상태로
드래그해 정육각형 도형을 삽입합니다.

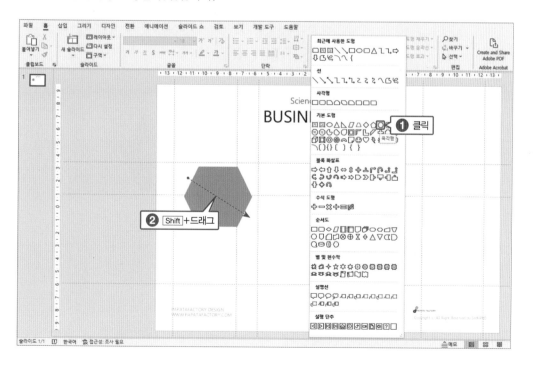

02 이번에는 도형에 그림자를 넣어 입체감을 살려보겠습니다. ❶ [홈] 탭-[그리기] 그룹의 도형 갤러리에서 [다이아몬드◇] 도형을 클릭하고 슬라이드에 드래그해서 길쭉한 마름모를 그립니다. 색은 육각형 도형보다 살짝 짙은 색으로 설정합니다. ❷ 점 편집 기능을 이용해 마름모를 왼쪽을 바라보는 부메랑 모양으로 만든 후 ❸ 육각형 위에 겹쳐지도록 배치합니다.

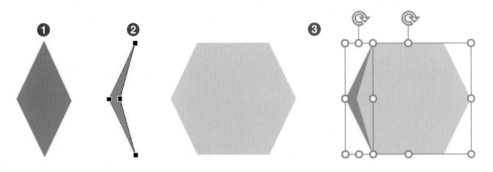

> **Tip** 점 편집 기능은 도형을 마우스 오른쪽 버튼으로 클릭한 후 [점 편집]을 클릭해 실행합니다.

03 ❶ 완성한 도형을 복제해 배치합니다. ❷ 두 번째와 네 번째 도형은 [도형 채우기]에서 색을 바꿉니다. ❸ 아이콘과 텍스트를 입력해 도식화를 마무리합니다. 아이콘과 텍스트 등은 완성 파일을 참조하여 작업해도 됩니다.

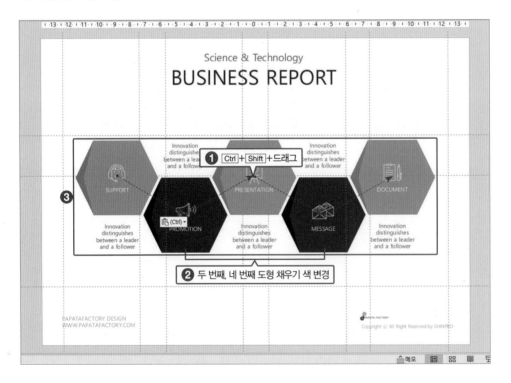

 예제 파일 | CHAPTER03\0020.pptx 완성 파일 | CHAPTER03\0020(완성).pptx

Quick Guide 막힌 원호를 이용한 도식화

[막힌 원호🌙] 도형 삽입 ➡ 도형 회전 및 모양 변형 ➡ [도형 윤곽선]−[윤곽선 없음], [도형 채우기]−[흰색] ➡ 도형 복제해
배치 ➡ 도식화 마무리

01 ❶ [홈] 탭−[그리기] 그룹의 도형 갤러리에서 [막힌 원호🌙]을 클릭하고 ❷ Shift 를 누른채로 드
래그하여 삽입합니다.

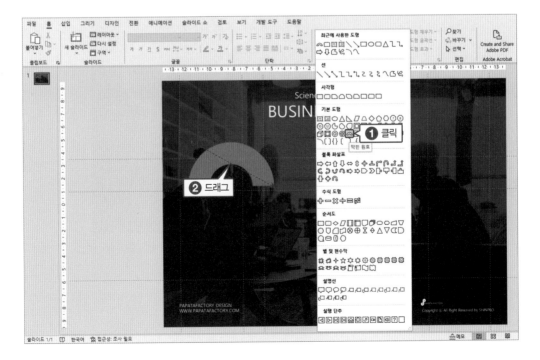

02 ❶ 막힌 원호 도형 위쪽에 생기는 회전 조절점 ◉ 을 시계 방향으로 드래그해서 90° 회전시킵니다. ❷ 아래쪽에 있는 노란색 조절점 ● 을 시계 방향으로 드래그해서 굵기와 길이를 변경합니다.

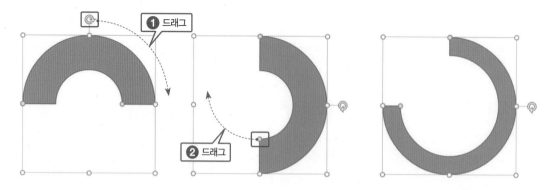

03 ❶ 변형한 막힌 원호의 테두리를 없애고 채우기 색을 흰색으로 설정합니다. ❷ 막힌 원호를 복제해서 배치합니다. ❸ 적당한 위치에 아이콘과 텍스트를 배치하여 마무리합니다.

Quick Guide 갈매기형 수장을 이용한 도식화

[화살표: 갈매기형 수장▷] 도형 삽입 ➡ 조절점을 드래그해 모양 변형 ➡ 도형 윤곽선 없애고 채우기 색 변경 ➡ 도형 복제 ➡ 점 편집 기능으로 모양 변형 ➡ 도형 겹쳐서 배치 ➡ 완성한 개체 복제하고 도식화 마무리

01 [홈] 탭–[그리기] 그룹의 도형 갤러리에서 [화살표: 갈매기형 수장▷]을 클릭합니다.

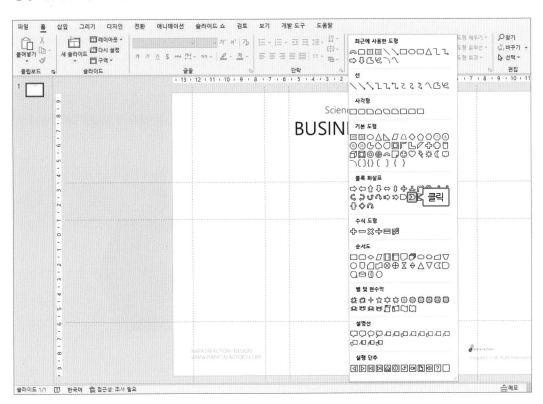

02 ❶ Shift 를 누른 상태로 드래그하여 갈매기형 수장 도형을 그립니다. ❷ 오른쪽 위 모서리에 있는 노란색 조절점 ●을 오른쪽으로 드래그하여 모양을 변형합니다.

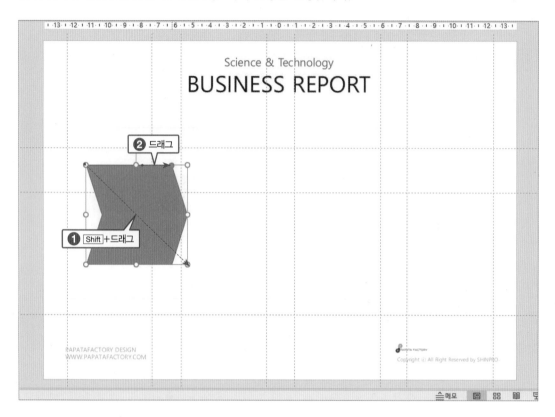

03 ❶ 갈매기형 수장 도형의 윤곽선을 없애고 채우기 색을 보라색 계열로 변경합니다. ❷ 도형을 복제한 다음 도형 채우기 색을 진한 보라색 계열로 변경하고 점 편집 기능을 이용해 모양을 변형합니다. ❸ 변형한 도형을 갈매기형 수장 도형 위에 겹치게 배치합니다.

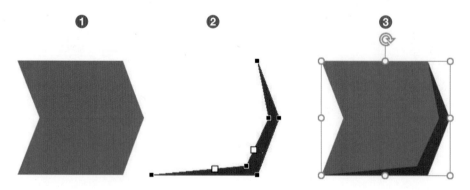

04 ❶ 완성한 개체를 복제해서 배치하고 ❷ 두 번째와 네 번째 개체의 채우기 색을 변경합니다. ❸ 아이콘과 텍스트를 배치해서 도식화를 마무리합니다. 아이콘과 텍스트 등은 완성 파일을 참조하여 작업해도 됩니다.

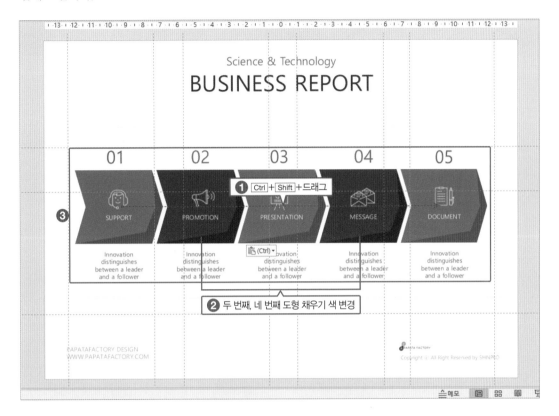

CHAPTER

04

파워포인트로
활용 가능한
다양한
디자인

———

파워포인트의 용도를 과제, 공모전, 보고서, 발표용 문서 같은 학습용 또는 오피스용
문서 작성으로 한정하는 경우가 많습니다. 물론 파워포인트는 엑셀과 함께 대표적인
오피스 프로그램입니다. 하지만 파워포인트는 엑셀과 달리 포토샵이나 일러스트레
이터처럼 멋진 디자인을 할 수 있는 그래픽 프로그램이기도 합니다. CHAPTER 02
과 03에서는 다양한 오브젝트를 배치하고 도형과 점 편집 기능을 활용하여 원하는
모양을 디자인해보았습니다. 이외에도 파워포인트를 이용해 어떤 영역까지 디자인
할 수 있는지 직접 실습으로 확인해보겠습니다.

파워포인트 슬라이드 템플릿 디자인하기

파워포인트 문서를 만들다 보면 인터넷 검색으로 무료 템플릿을 다운로드하여 활용할 때가 있습니다. 물론 문서 내용을 파악하고 거기에 딱 맞게 디자인하는 것이 기본이지만, 때에 따라서는 보편적으로 쓸 수 있는 템플릿을 문서에 맞게 조금씩 변형하여 활용하는 것도 나쁘지 않습니다.

직장인을 위한 파워포인트 템플릿 디자인 계획하기

파워포인트를 실행하면 기본으로 사용할 수 있는 템플릿이 표시됩니다. 준비하는 자료에 어울리는 디자인의 템플릿이 있다면 이곳에서 가져와 활용해도 됩니다. 하지만 기본으로 제공되는 템플릿은 불특정 다수를 대상으로 만들어진 디자인이므로 내가 원하는 디자인 콘셉트와 일치하는 경우가 많지 않습니다.

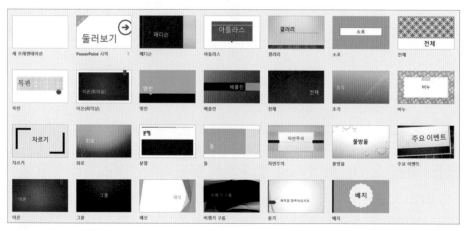

파워포인트의 기본 템플릿

회사에서 자주 만들어야 하는 보고서, 기획서, 회사 소개서 등에 활용할 수 있도록 두 가지 형태의 템플릿을 만들어보겠습니다. 도형과 텍스트만으로 구성한 심플한 템플릿과 비즈니스와 관련된 이미지를 활용한 템플릿입니다.

도형과 텍스트로 구성된 템플릿

파워포인트 도형 중 타원을 이용해 디자인으로 꾸밀 도형을 만들고 텍스트를 배치하여 슬라이드를 심플하게 구성해보겠습니다. 문서의 내용이나 목적에 맞게 도형의 색상과 형태를 디자인하고, 각 요소가 의미 있게 쓰이도록 하는 것이 좋습니다.

◎ **색상** 배경색을 제외하고 다섯 가지 색상을 활용하여 배경을 꾸밉니다. 작성해야 할 내용이 많을 때 각 내용을 도식화하고 색으로 구분 짓기에도 적당한 조합입니다.

[배경색 R228/G228/B228], [색1 R59/G125/B221], [색2 R44/G50/B137], [색3 R50/G183/B214], [색4 R185/G212/B237]

◎ **레이아웃** 비즈니스용 파워포인트 문서는 인쇄해서 제출하는 경우가 많습니다. 인쇄를 고려하여 슬라이드 크기를 A4 용지 가로 방향으로 설정하여 디자인합니다.

◎ **폰트** 저작권을 침해하지 않도록 무료 폰트인 [나눔스퀘어 ExtraBold]를 사용합니다. 심플한 디자인 콘셉트에 맞도록 폰트는 한 가지로 제한합니다.

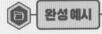
완성 예시

예제 파일 | CHAPTER04\0001.pptx 완성 파일 | CHAPTER04\0001(완성).pptx

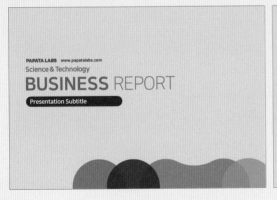

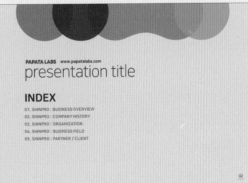

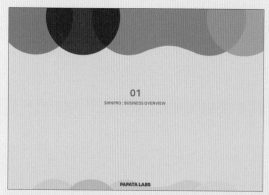

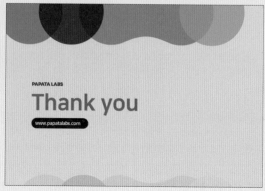

01 타이틀 페이지를 만들겠습니다. ❶ 예제 파일의 1번 슬라이드에 ❷ [홈] 탭-[그리기] 그룹의 도형 갤러리에서 [직사각형☐] 도형을 슬라이드 전체를 덮을 수 있는 크기로 삽입합니다. ❸ 직사각형의 [도형 윤곽선]은 [윤곽선 없음]으로 적용하고 ❹ [도형 채우기]의 색상값은 연한 회색 **R228/G228/B228**로 설정합니다.

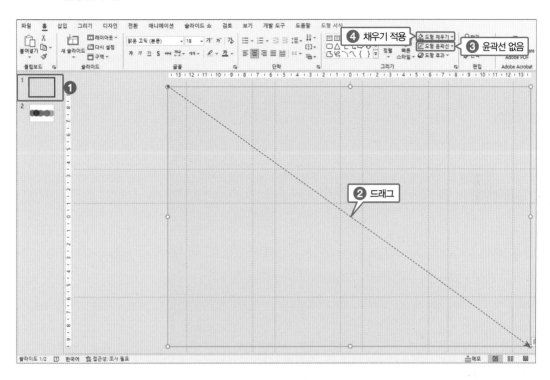

02 2번 슬라이드에 있는 타원 디자인을 1번 슬라이드에 배치하겠습니다. ❶ 2번 슬라이드에서 ❷ 네 개의 타원을 드래그하여 선택하고 ❸ Ctrl+C로 복사합니다.

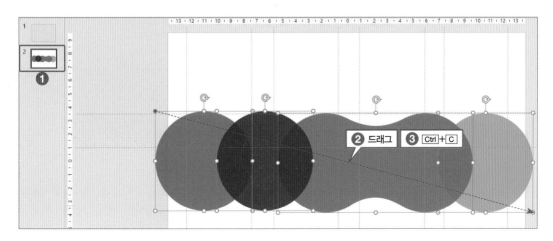

03 복사한 도형을 ❶ 1번 슬라이드에 ❷ 그림으로 붙여 넣습니다.

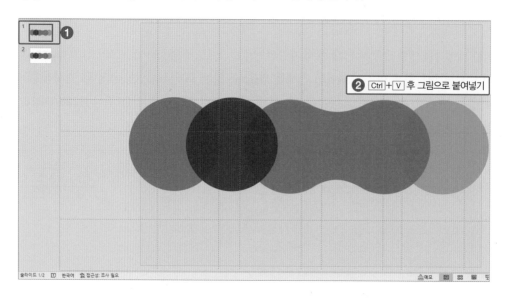

❷ Ctrl + V 후 그림으로 붙여넣기

Tip 도형 개체를 그림으로 붙여 넣으려면 Ctrl + V 를 눌러 붙여 넣고 개체 오른쪽 하단에 나타나는 [붙여넣기 옵션🖼(Ctrl ▾)] – [그림🖼]을 클릭합니다.

04 그림으로 붙여 넣은 개체를 ❶ 슬라이드 오른쪽 아래에 적당히 배치합니다. ❷ 자르기 기능을 이용해 슬라이드 영역 밖으로 벗어난 부분을 제거합니다.

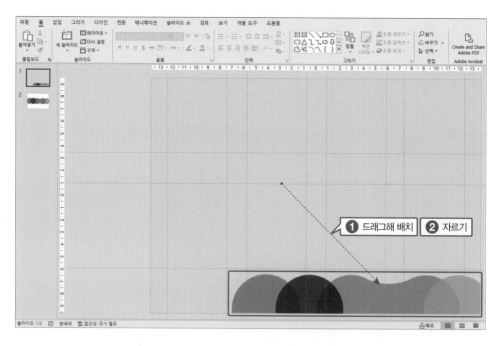

❶ 드래그해 배치 ❷ 자르기

Tip 도형 개체도 그림으로 붙여 넣으면 그림처럼 편집할 수 있습니다. 자르기 기능은 [그림 서식] 탭 – [크기] 그룹 – [자르기]를 클릭하여 실행합니다. 그림 개체를 마우스 오른쪽 버튼으로 클릭한 후 나타나는 [자르기]를 클릭해도 됩니다.

05 슬라이드에 [텍스트 상자⫙]를 삽입해 텍스트 요소를 입력합니다. 폰트는 [나눔스퀘어 Extra Bold]와 [나눔스퀘어 Light] 등으로 적용하고 텍스트 크기는 내용에 따라 적절히 조절합니다.

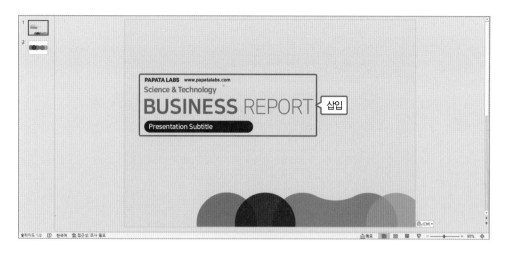

Tip 색상은 디자인 계획에 따라 **R59/G125/B221**, **R44/G50/B137**을 각각 활용했습니다. 서브타이틀 부분은 [사각형: 둥근모 서리⬜] 도형을 배치하고 채우기 색을 적용해 가독성을 높였습니다.

STEP 02 │ 목차 및 간지 페이지 만들기

01 목차 페이지를 만들겠습니다. ❶ 빈 슬라이드를 추가하고 타이틀 페이지를 만들 때와 같은 방법으로 ❷ 배경을 삽입합니다. 1번 슬라이드의 회색 배경을 복사해 붙여 넣는 방식으로 작업하면 편리합니다.

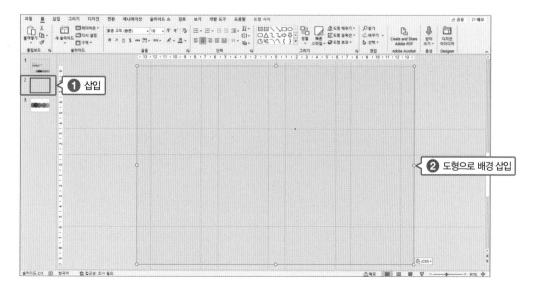

02 목차 페이지에도 디자인 요소를 배치하겠습니다. ❶ 1번 슬라이드에 그림으로 삽입한 타원 디자인 요소를 복사한 후 목차 페이지(2번 슬라이드)에 붙여 넣습니다. ❷ 상단에 적절하게 배치한 후 자르기 기능으로 슬라이드에 포함되는 영역만 보이도록 조정합니다.

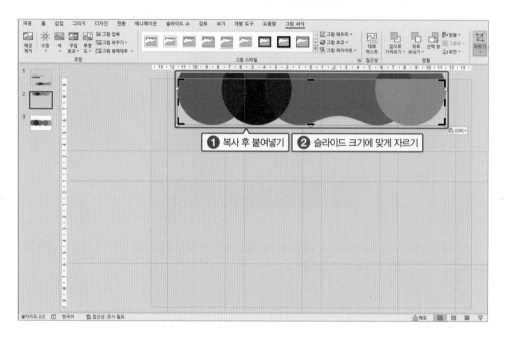

03 적절한 텍스트와 로고 등을 삽입해 목차 페이지를 완성합니다.

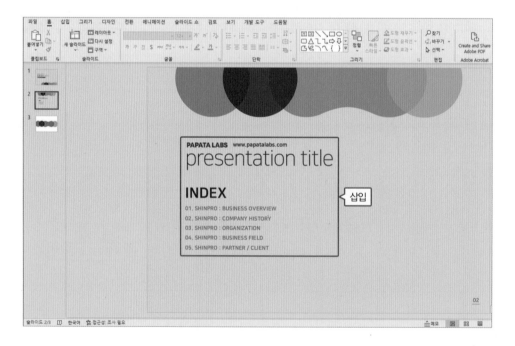

04 다음으로 간지 페이지를 만들겠습니다. ❶ 목차 페이지(2번 슬라이드)에서 Ctrl + D 를 눌러 복제한 후 복제된 3번 슬라이드에서 작업합니다. ❷ 기존의 텍스트는 모두 제거합니다. ❸ 상단의 디자인 요소를 수정해 배치하고 ❹ 적절한 로고와 텍스트를 삽입해 마무리합니다.

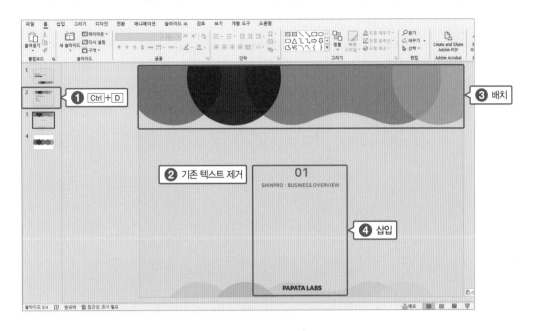

STEP 03 | 본문 페이지 만들기

01 문서에서 가장 중요한 본문 페이지를 만들겠습니다. ❶ 빈 슬라이드를 추가하고 간지 페이지를 만들 때와 동일하게 ❷ 배경을 적용합니다. 기존의 [직사각형□] 도형을 복사해 붙여 넣습니다.

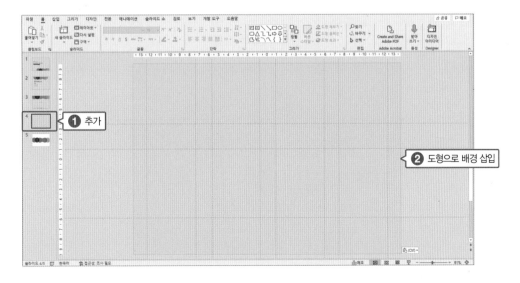

02 ❶ 간지 슬라이드(3번 슬라이드)의 디자인 소스를 복사하여 본문 페이지에 아래에 붙여 넣습니다. ❷ 붙여 넣은 소스는 슬라이드 아래에 배치하고 불필요한 부분은 자릅니다. ❸ [그림 서식] 탭-[조정] 그룹-[색]-[밝은 회색, 배경색2 밝게]를 클릭해 연한 흑백 효과를 적용합니다.

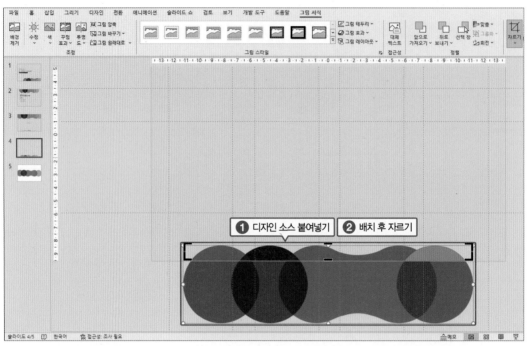

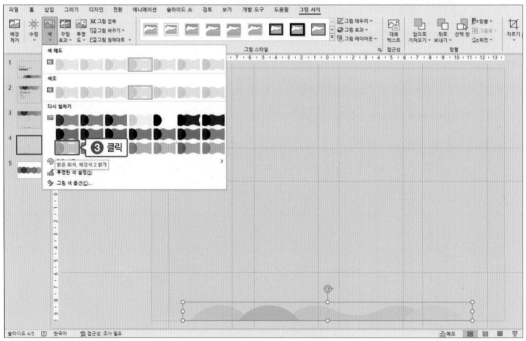

03 본문에 들어갈 도식을 만들겠습니다. ❶ [홈] 탭–[그리기] 그룹의 도형 갤러리에서 [타원◯] 도형을 Shift를 누른 상태로 드래그해 정원으로 삽입한 후 ❷ 두 개 더 복제합니다. ❸ [도형 윤곽선]은 [흰색, 배경1]으로, [두께]는 [6pt]로 설정하고 [도형 채우기] 색은 앞서 계획한 색상을 선택합니다.

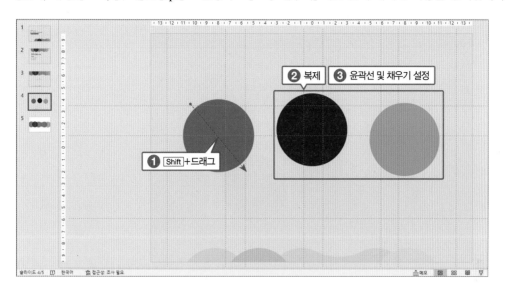

Tip [도형 채우기]는 각각 **R59/G125/B221**, **R44/G50/B137**, **R50/G183/B214**를 적용하고 [투명도]는 **20%**로 설정합니다.

Tip 도형을 복제하려면 도형이 선택된 상태에서 Ctrl+D를 누르거나 Ctrl을 누른 상태에서 드래그합니다.

04 ❶ 삽입한 도식 세 개를 드래그해 모두 선택하고 ❷ [도형 서식] 탭–[정렬] 그룹–[맞춤]–[중간맞춤▥], [가로 간격을 동일하게▥]를 순서대로 적용합니다. 높이와 사이 간격이 맞춰집니다.

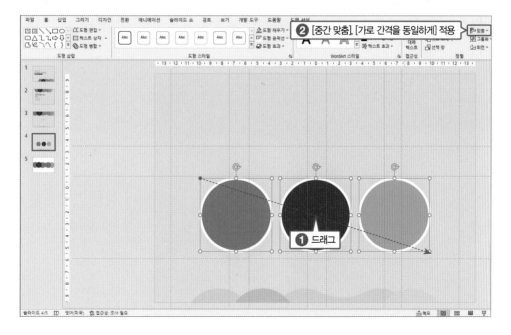

05 도형이 모두 선택된 상태에서 ❶ Ctrl + G 를 눌러 그룹으로 묶습니다. ❷ [도형 서식] 탭-[정렬]
그룹-[맞춤]-[가운데 맞춤 ⊟]을 클릭합니다. 그룹으로 묶은 도형이 슬라이드 중앙에 배치됩니다.

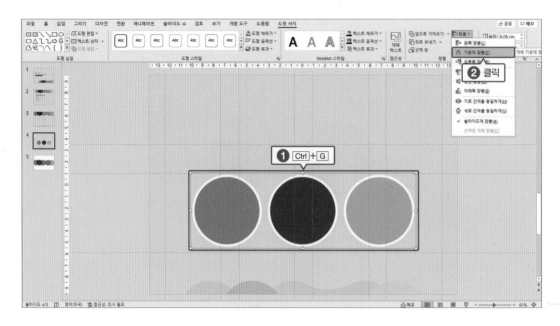

Tip 이때 [슬라이드에 맞춤]에 체크가 되어 있는지 확인합니다. 체크 표시가 되어 있어야 슬라이드 기준으로 도형이 정렬됩니다.

06 ❶ [텍스트 상자 ⊞]를 삽입해 본문 샘플 텍스트를 입력합니다. 폰트는 [나눔스퀘어 ExtraBold]
와 [나눔스퀘어 Light]로 지정하고 텍스트 크기는 내용에 맞게 적절히 입력합니다. ❷ 슬라이드 상단에
로고와 슬라이드 제목, ❸ 하단에 슬라이드 번호도 입력합니다.

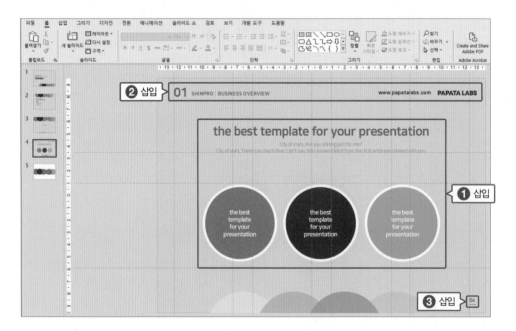

01 엔딩 페이지를 만들겠습니다. ❶ 4번 슬라이드 뒤에 새 슬라이드를 삽입합니다. ❷ 앞에서 사용한 타원 디자인 소스를 가져와 아래 그림처럼 배치합니다. 배치 위치만 다를 뿐 방법은 앞서 작업한 내용과 동일합니다.

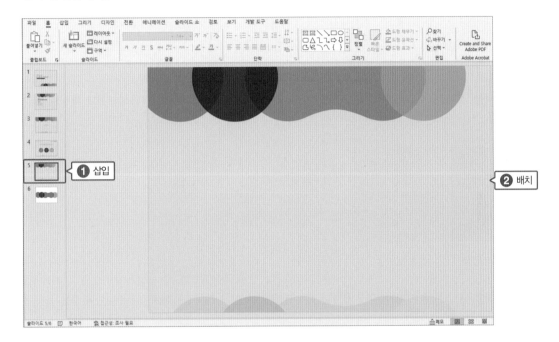

02 엔딩 슬라이드라는 것을 알 수 있는 문구를 추가해서 완성합니다.

이번에는 도형과 텍스트에 비즈니스와 관련된 이미지를 활용한 템플릿을 디자인해보겠습니다. 이미지를 사용하면 이미지 분위기에 따라 전체적인 프레젠테이션의 분위기가 좌우됩니다. 그러므로 이미지를 사용할 때는 문서의 종류와 특징, 회사의 이미지를 종합적으로 고려하여 선택해야 합니다.

◎ **콘셉트** 비즈니스 느낌이 나는 이미지를 배경에 배치하고 도형 요소를 활용하여 톤앤매너를 맞춥니다. 두 가지 색을 활용하여 통일감을 주는 세련된 디자인을 완성합니다.

◎ **메인 색상** 차분한 분위기를 유지할 수 있는 자주색과 청록색을 활용하고 그라데이션과 투명도를 활용하여 디자인합니다. 도형을 이용해 사진 이미지에 필터 효과를 적용합니다.

자주색 [도형색1 R55/G55/B145], 청록색 [도형색2 R99/G197/B192]

◎ **폰트 색상** 텍스트를 이미지 위에 입력할 때는 흰색이나 청록색을 사용하고, 나머지는 회색을 사용합니다. 폰트 종류는 두 가지로 제한하여 통일감을 줍니다.

 완성 예시

예제 파일 | CHAPTER04\0002.pptx 완성 파일 | CHAPTER04\0002(완성).pptx

01 이번 실습은 빈 슬라이드에 작업합니다. 슬라이드는 A4 용지 가로 방향으로 설정되어 있습니다. ❶ 디자인 소스로 사용할 [사각형: 둥근 모서리◻] 도형을 Shift 를 누른 상태로 드래그하여 삽입합니다. ❷ [도형 윤곽선]은 [윤곽선 없음], [도형 채우기]의 색상값은 **R55/G55/B145**로 설정합니다.

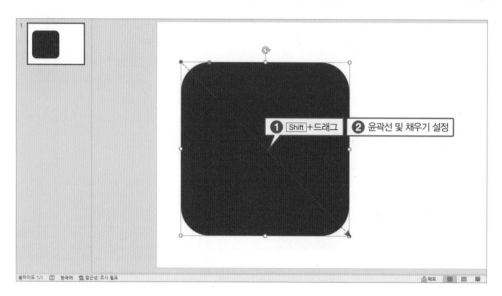

02 도형에 그라데이션을 적용합니다. [도형 서식] 탭-[도형 스타일] 그룹-[도형 채우기]-[그라데이션]-[선형대각선 – 왼쪽 아래에서 오른쪽 위로]를 클릭합니다.

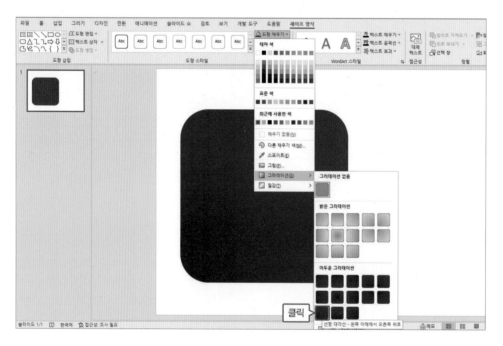

01 타이틀 페이지를 만들겠습니다. ❶ 새 빈 슬라이드를 삽입합니다. ❷ 예제로 제공되는 **CHAPTER 04\img\img0001.jpg** 이미지를 슬라이드에 삽입합니다. 배경으로 사용할 이미지입니다. ❸ 이미지를 슬라이드에 오른쪽에 위치하도록 배치하고 자르기 기능으로 슬라이드 밖으로 나간 부분을 자릅니다.

02 [그림 서식] 탭-[조정] 그룹-[색]-[채도: 0%]를 클릭해 완전한 흑백 이미지로 변경합니다.

03 ❶ [홈] 탭-[그리기] 그룹의 도형 갤러리에서 [직사각형☐] 도형을 슬라이드 전체를 가리도록 드래그해 배치합니다. ❷ [도형 서식] 탭-[도형 스타일] 그룹-[도형 윤곽선]은 [윤곽선 없음], ❸ [도형 채우기]의 색상값은 **R99/G197/B192**, [투명도]는 **10%**로 설정합니다.

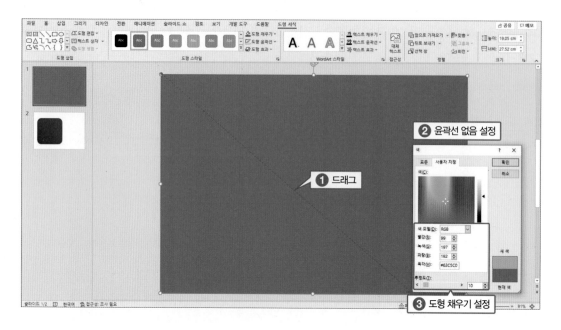

04 ❶ 2번 슬라이드에 제작한 디자인 소스 도형을 복사해 1번 슬라이드에 붙여 넣습니다. 아래 그림처럼 배치하고 회전 조절점 @을 드래그해 회전합니다. ❷ 슬라이드 영역 밖으로 나간 부분을 자르기위해 도형을 잘라낸 후 이미지로 붙여 넣습니다.

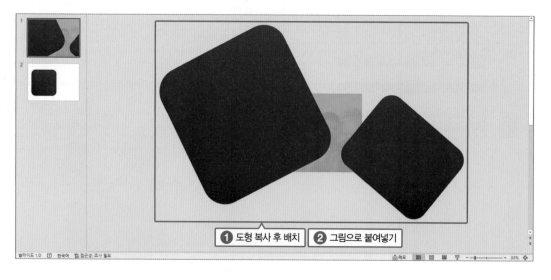

TiP 도형 개체를 그림으로 붙여 넣으려면 Ctrl + V 를 누른 후 개체 오른쪽 하단에 나타나는 [붙여넣기 옵션🔳(Ctrl)▾]-[그림🖼] 을 클릭합니다.

06 그림으로 붙여 넣은 도형을 자르기 기능을 이용해 슬라이드 크기에 맞춰 자릅니다.

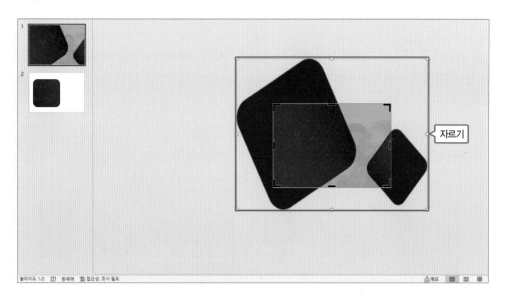

07 타이틀 페이지에 필요한 텍스트를 입력합니다. [텍스트 상자 [개]]를 삽입하고 텍스트를 입력하여 배치합니다. 폰트는 [나눔스퀘어 ExtraBold]로 지정하고 텍스트 크기는 내용에 따라 적절히 입력합니다. 메인타이틀은 가독성이 좋은 흰색으로 표현하고 서브타이틀은 배경 색상과 같은 청록색으로 표현합니다.

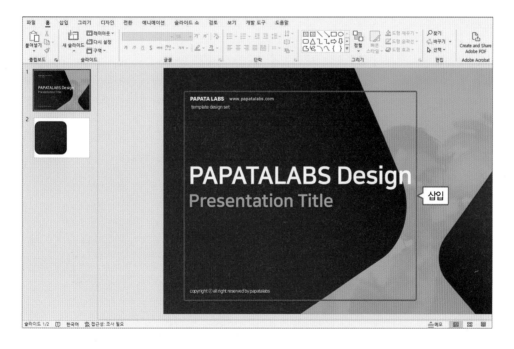

01 ❶ 1번 슬라이드 뒤에 빈 슬라이드를 추가하고 ❷ **CHAPTER04\img\img0002.jpg** 이미지를 삽입합니다. ❸ 슬라이드 전체에 들어갈 수 있도록 크기를 조절하여 배치하고 슬라이드 영역 밖으로 나간 부분은 자르기 기능을 이용하여 자릅니다. ❹ 타이틀 페이지와 마찬가지로 [그림 서식] 탭—[조정] 그룹—[색]—[채도: 0%]를 클릭해 완전한 흑백 이미지로 변경합니다.

02 타이틀 페이지와 동일하게 이미지 위에 도형을 배치합니다. ❶ [홈] 탭—[그리기] 그룹의 도형 갤러리에서 [직사각형▢] 도형을 슬라이드 크기에 맞게 삽입합니다. ❷ [도형 윤곽선]은 [윤곽선 없음], [도형 채우기]의 색상값은 **R99/G197/B192**, [투명도]는 **10%**로 설정합니다.

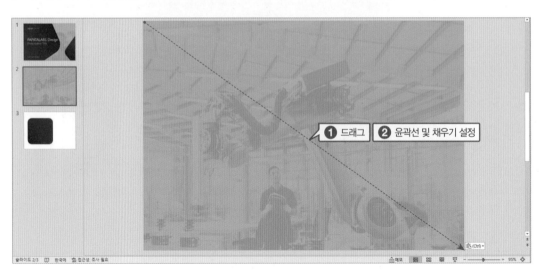

04 ❶ 3번 슬라이드에 있는 디자인 소스 도형을 복사해 아래 그림처럼 2번 슬라이드 오른쪽 상단에 붙여 넣어 배치하고 회전 조절점 @ 을 드래그해 회전합니다. 슬라이드 영역 밖으로 나간 부분을 자르기 위해 ❷ 도형을 잘라내 이미지로 붙여 넣은 후 자릅니다.

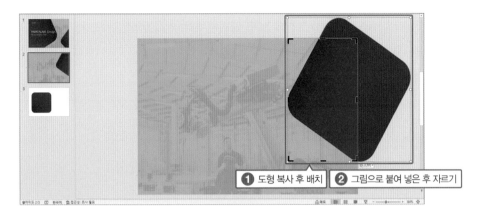

❶ 도형 복사 후 배치 ❷ 그림으로 붙여 넣은 후 자르기

05 왼쪽 하단에도 동일한 방법으로 디자인 요소를 배치한 후 자릅니다.

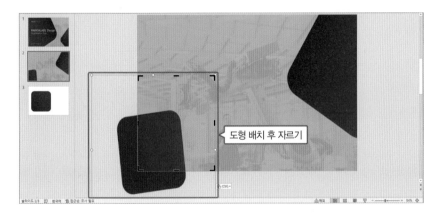

도형 배치 후 자르기

06 [텍스트 상자 🔟]를 슬라이드에 삽입한 후 텍스트를 입력해 목차 페이지를 완성합니다.

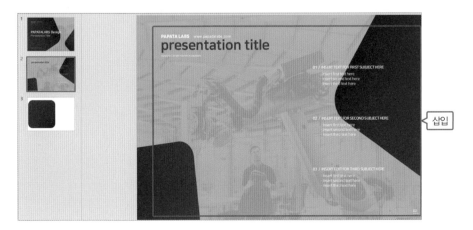

삽입

01 본문 페이지는 콘텐츠를 작성할 공간을 충분히 확보해야 하므로 심플하게 디자인합니다. ❶ 3번 빈 슬라이드를 삽입하고 ❷ [홈] 탭–[그리기] 그룹의 도형 갤러리에서 [직사각형☐] 도형을 슬라이드 상단에 드래그해 삽입합니다. ❸ [도형 윤곽선]은 [윤곽선 없음], [도형 채우기]의 색상값은 청록색 **R99/G197/B192**로 설정합니다.

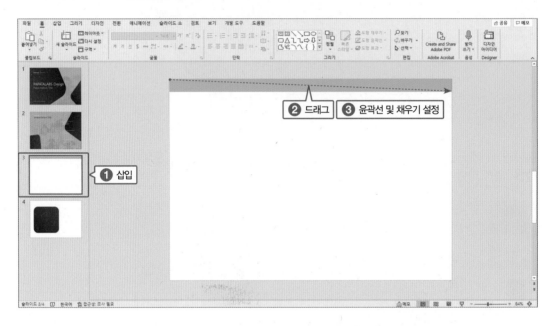

02 앞서 사용한 4번 슬라이드의 디자인 요소를 아래 그림과 같이 배치한 후 자르기 기능을 이용해 정리합니다.

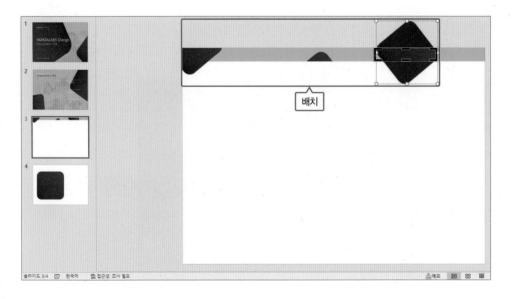

03 아래 그림처럼 ❶ [사각형: 둥근 모서리□] 도형을 Shift를 누른 상태로 드래그해 삽입한 후 ❷ 두 개 더 복제합니다. ❸ [도형 윤곽선]은 [윤곽선 없음], [도형 채우기]의 색상값은 자주색 **R55/G55/B145**과 청록색 **R99/G197/B192**로, [투명도]는 **10%**로 설정합니다.

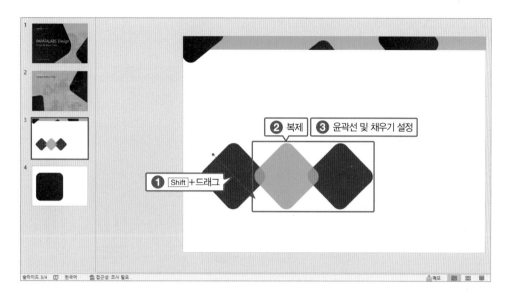

Tip 삽입한 도형은 회전 조절점◉을 드래그해 회전할 수 있습니다.

04 ❶ [사각형: 둥근 모서리□] 도형을 Shift를 누른 상태로 드래그해 삽입한 후 ❷ 두 개 더 복제합니다. ❸ [도형 채우기]는 [채우기 없음]으로, [도형 윤곽선]은 [흰색, 배경 1]로, [두께]는 [1pt]로 설정합니다.

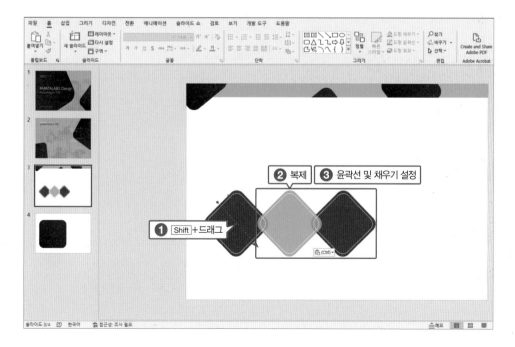

05 ❶ 전구 이미지는 예제로 제공되는 **CHAPTER04\img\0000.png**를 삽입해 슬라이드 오른쪽에 배치합니다. ❷ [텍스트 상자🔠]를 이용해 슬라이드 상단, 본문 내용, 슬라이드 번호 등을 삽입하여 본문 페이지를 완성합니다.

06 두 번째 본문 페이지를 만들겠습니다. ❶ 3번 슬라이드를 Ctrl+D를 눌러 복제하여 4번 슬라이드를 준비합니다. ❷ 본문 영역의 필요 없는 부분은 모두 삭제하고 ❸ 왼쪽 상단의 **01** 텍스트를 **02**로 수정합니다.

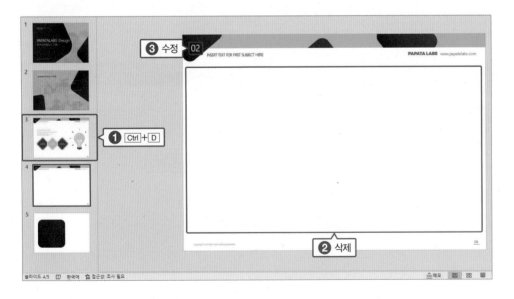

07 말풍선 이미지를 만들겠습니다. ❶ [홈] 탭-[그리기] 그룹의 도형 갤러리에서 [사각형: 둥근 모서리☐] 도형과 [직각 삼각형◺] 도형을 아래 그림과 같이 배치합니다. ❷ 두 도형을 같이 선택하고 [도형 서식] 탭-[도형 삽입] 그룹-[도형 병합]-[통합◕]을 클릭합니다. ❸ 병합된 도형은 [도형 서식] 탭-[정렬] 그룹-[회전]-[좌우 대칭◮]을 클릭해 반전시킬 수 있습니다.

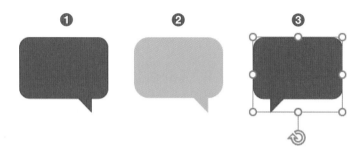

> **Tip** 이 밖에 말풍선 도형을 삽입하는 방법으로는 도형 갤러리에서 [말풍선: 모서리가 둥근 사각형◯]을 삽입하고 노란색 조절점 ●을 적절히 움직여 만드는 방법과 [삽입] 탭-[일러스트레이션] 그룹-[아이콘]을 클릭하고 [아이콘] 대화상자에서 **대화**로 검색해 비슷한 말풍선을 삽입하는 방법이 있습니다.

08 흐름을 나타내는 도형을 만들어보겠습니다. ❶ [화살표: 오각형▷] 도형 한 개, ❷ [화살표: 갈매기형 수장⟫]도형 네 개를 차례대로 배치해 단계를 표현합니다. ❸ 도형 아래에 [물결◻] 도형을 배치합니다.

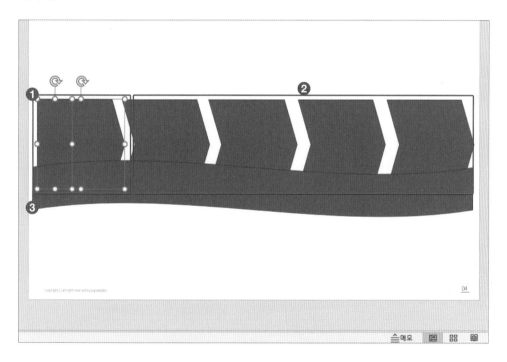

09 ① 삽입한 도형을 드래그해 모두 선택하고 ② [도형 서식] 탭–[도형 삽입] 그룹–[도형 병합]–[조각 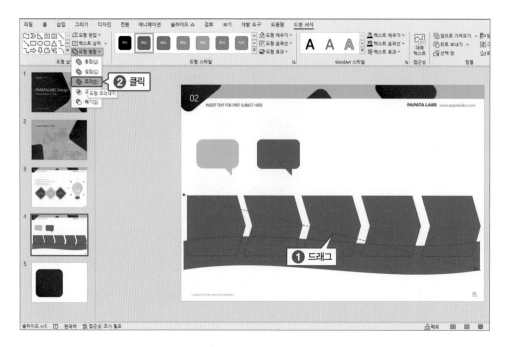]을 클릭합니다. 선택된 도형에서 중복된 부분이 모두 조각납니다.

10 조각난 도형 중 하단의 ① 필요 없는 부분을 클릭하고 ② Delete 를 눌러 삭제합니다.

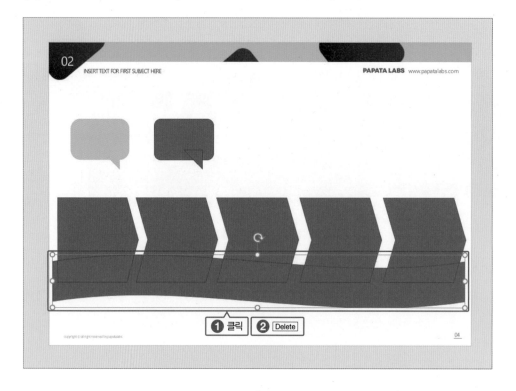

11 본문 구성에 필요한 도형이 모두 완성되었습니다.

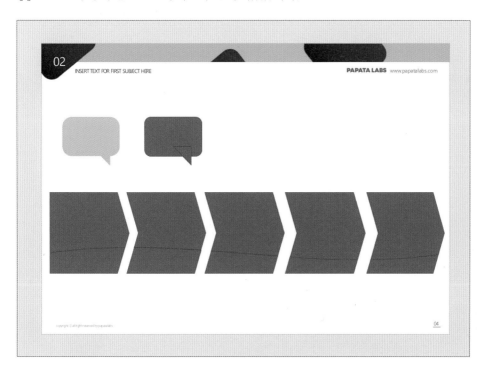

12 도형에 슬라이드 색상에 맞는 [도형 채우기] 색을 적용합니다. [도형 윤곽선]은 [윤곽선 없음]으로
설정하고 텍스트 등을 추가해 슬라이드를 완성합니다.

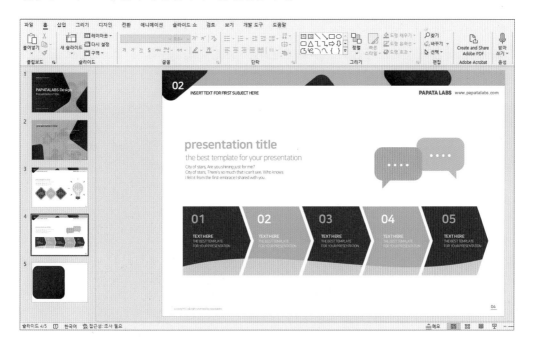

STEP 05 | 엔딩 페이지 만들기

01 ❶ 4번 슬라이드 뒤에 빈 슬라이드를 추가합니다. ❷ **CHAPTER04\img\img0051.jpg** 이미지를 삽입합니다. ❸ 슬라이드 전체에 들어갈 수 있는 크기로 이미지를 조절하여 배치하고 슬라이드 영역 밖으로 나간 부분은 자르기 기능을 이용하여 자릅니다. ❹ 타이틀 페이지와 마찬가지로 [그림 서식] 탭-[조정] 그룹-[색]-[채도: 0%]를 클릭해 이미지를 완전한 흑백으로 변경합니다.

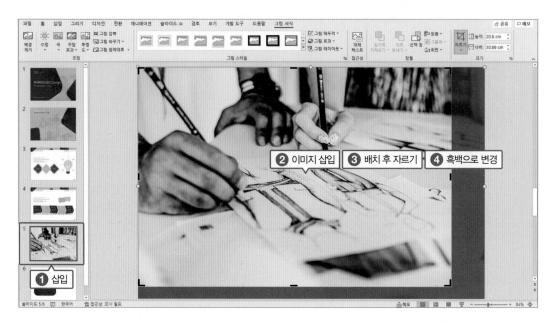

02 앞서 작업한 것과 동일한 방법으로 ❶ 도형 배경을 배치합니다. ❷ 적당한 위치에 [텍스트 상자 📄]를 삽입하고 텍스트를 입력하여 완성합니다.

PROJECT
02

카드 뉴스 디자인하기

모바일 콘텐츠 소비가 많아지면서 신상품이나 브랜드 홍보에 모바일 콘텐츠를 활용하는 경우가 늘고 있으며, 대표적으로 카드 뉴스를 들 수 있습니다. 카드 뉴스는 페이스북, 인스타그램 마케팅에서 영상 다음으로 대중적인 수단입니다. 파워포인트를 이용하면 카드 뉴스도 손쉽게 제작할 수 있습니다.

카드 뉴스 디자인

카드 뉴스는 이름 그대로 카드 모양의 이미지에 정보와 이미지 등을 담아 간략하게 정리한 콘텐츠입니다. 더 많은 사람이 보고 공유할 수 있도록 SNS에 업로드하는 것이 일반적입니다. 콘텐츠를 문서 한 장에 담지 않고 여러 장에 나누어 담기 때문에 독자는 카드를 넘기듯 정보를 확인할 수 있습니다.

카드 뉴스의 핵심은 콘텐츠입니다. 콘텐츠 기획자와 디자이너가 긴밀하게 협업해야 하므로 외부로 디자인을 넘기기도 쉽지 않습니다. 무엇보다 SNS 마케팅은 타이밍이 생명이므로 콘텐츠를 기획하는 단계부터 디자인과 수정에 드는 시간이 길지 않아야 합니다. 이때 파워포인트를 이용하면 카드 뉴스를 쉽고 빠르게 만들 수 있어 유용합니다.

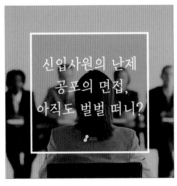

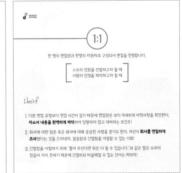

면접 유형 카드 뉴스

엑셀 함수 모음 카드 뉴스

맛집 카드 뉴스

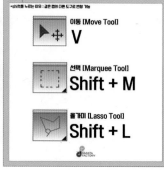
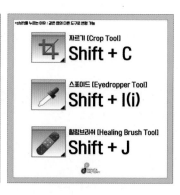

포토샵 단축키 카드 뉴스

프레젠테이션 전문화 과정 카드 뉴스

템플릿 디자인 카드 뉴스 디자인

여행 커뮤니티에서 휴가철을 맞아 커뮤니티 홍보를 위한 콘텐츠로 여행 준비물 체크리스트를 카드 뉴스로 만들어 배포하려고 합니다.

◎ **디자인 콘셉트** 커뮤니티에 가입할 가능성이 있는 잠재 고객이 관심을 가질 법한 여행을 할 때 유용한 팁(여행 준비 체크리스트)을 담은 카드 뉴스를 페이스북에 배포합니다. 여행을 떠올릴 수 있는 이미지를 활용하고 숫자를 크게 배치하여 체크리스트라는 것을 강조합니다.

◎ **색상** 싱그러운 자연을 표현할 수 있는 파스텔 톤의 초록색을 메인 색상으로 정합니다. 가독성을 고려하여 텍스트는 흰색으로 입력합니다.

메인 도형 색상 [R28/G136/B87], 투명도 [20%]

◎ **레이아웃** 페이스북 카드 뉴스는 주로 정사각형을 쓰므로 900×900px로 디자인합니다. 파워포인트에서 슬라이드 크기는 센티미터(cm) 단위를 사용하지만 픽셀(px) 단위로 입력해도 자동으로 변환됩니다.

[너비]와 [높이]에 **900px**를 입력하면 **23.813cm**로 변환됩니다. 이번 실습에서는 편하게 쓸 수 있도록 **25×25cm** 크기로 제작합니다. 카드 뉴스 크기는 고정된 것이 아니므로 적당히 변형해서 써도 상관없습니다.

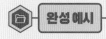**완성 예시**

완성 파일 | CHAPTER04\0003(완성).pptx

STEP 01 | 슬라이드 크기 설정 및 이미지 배치하기

01 새 슬라이드에서 작업합니다. ❶ [디자인] 탭–[사용자 지정] 그룹–[슬라이드 크기]–[사용자 지정 슬라이드 크기]를 클릭합니다. ❷ [슬라이드 크기] 대화상자에서 [너비]와 [높이]에 각각 **25cm**를 입력하고 ❸ [확인]을 클릭합니다. 슬라이드 크기를 조정할 것인지 묻는 대화상자가 나타나면 ❹ [최대화]를 클릭합니다.

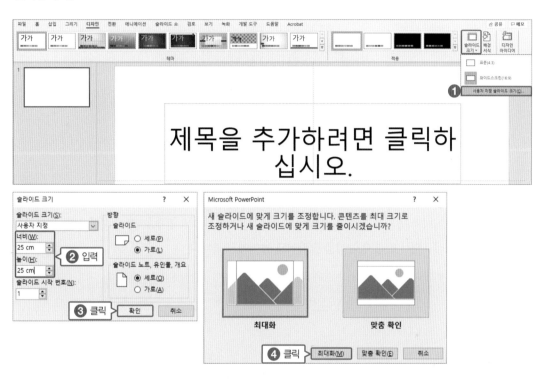

02 오브젝트를 원활하게 배치할 수 있도록 [보기] 탭–[표시] 그룹–[눈금선]에 체크합니다.

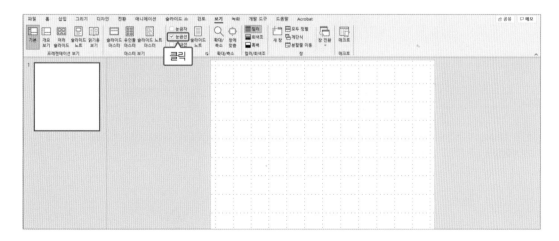

03 카드 뉴스 표지로 쓸 슬라이드이므로 여행에 어울리는 이미지를 배치하겠습니다. 예제로 제공되는 **CHAPTER04\img\img0049.jpg** 이미지를 삽입합니다.

04 ❶ 삽입한 이미지의 왼쪽 상단을 슬라이드 왼쪽 상단 모서리에 맞추고 ❷ 오른쪽 하단 모서리의 크기 조절점을 드래그해서 이미지 높이를 슬라이드 높이에 맞춥니다.

TiP Microsoft 365 이전 버전에서는 반드시 [Shift]를 누른 상태로 모서리 조절점을 드래그해야 이미지의 비율이 유지되면서 크기가 조절됩니다.

05 이미지가 선택된 상태에서 ❶ [그림 서식] 탭-[크기] 그룹-[자르기]를 클릭합니다. ❷ 이미지 위치와 자를 범위를 조절해 이미지의 너비를 슬라이드 너비와 맞춥니다. ❸ 남길 영역이 제대로 선택되면 Esc를 누르거나 빈 영역을 클릭해서 자르기 작업을 마칩니다.

06 이미지 위에 텍스트를 그대로 입력하면 가독성이 떨어지므로 도형을 사용해 필터 효과를 연출하겠습니다. ❶ [홈] 탭-[그리기] 그룹의 도형 갤러리에서 [직사각형▢] 도형을 클릭합니다. ❷ 도형을 이미지와 동일한 크기로 배치합니다.

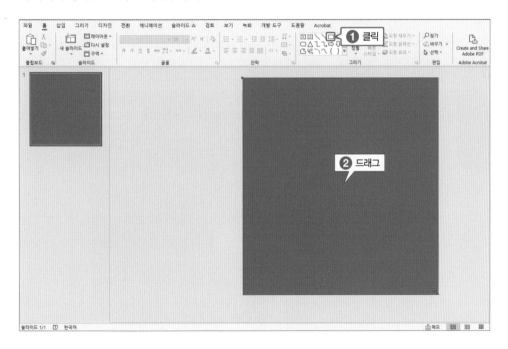

07 삽입한 도형의 ❶ [도형 윤곽선]을 [윤곽선 없음]으로 설정합니다. ❷ [홈] 탭-[그리기] 그룹-[도형 채우기]-[다른 채우기 색]을 클릭합니다. [색] 대화상자에서 ❸ 색상값은 **R28/G136/B87**, [투명도]는 **20%**로 설정한 후 ❹ [확인]을 클릭합니다.

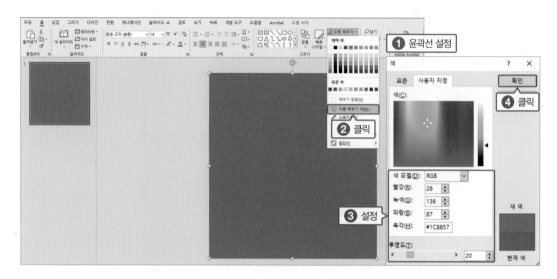

STEP 02 | 텍스트 영역 설정 및 텍스트 입력하기

01 타이틀에 주목할 수 있도록 테두리로 텍스트 영역을 설정하겠습니다. ❶ [홈] 탭-[그리기] 그룹의 도형 갤러리에서 [사각형: 잘린 한쪽 모서리 ▢] 도형을 Shift를 누른 상태로 드래그하여 가운데에 삽입합니다. ❷ 도형의 회전 조절점 ◉을 드래그해서 오른쪽으로 90° 회전합니다.

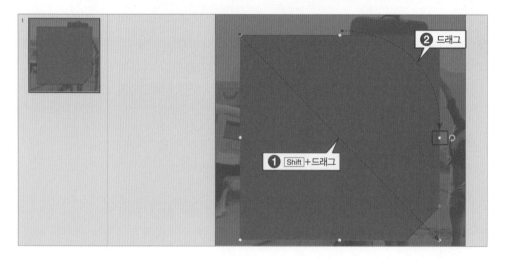

TIP 정렬 기능을 활용하면 슬라이드의 정가운데에 도형을 배치할 수 있습니다. 또 도형을 회전할 때 Shift를 누른 상태에서 드래그하면 45° 단위로 회전할 수 있습니다.

02 삽입한 도형의 **❶** [도형 채우기]는 [채우기 없음], [도형 윤곽선]은 [흰색, 배경 1]로 설정합니다. 도형 테두리가 강조되도록 6pt 이상으로 설정하겠습니다. **❷** [도형 서식] 그룹-[도형 윤곽선]-[두께]-[다른 선]을 클릭합니다.

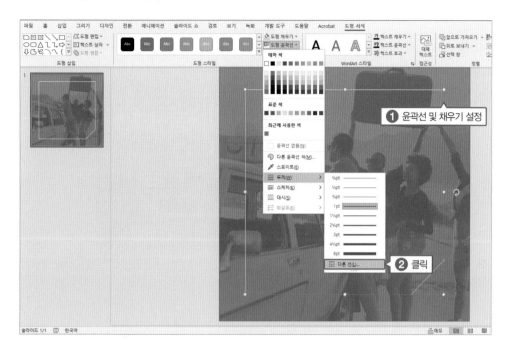

03 화면 오른쪽에 [도형 서식] 작업 창이 나타납니다. [도형 옵션]-[선]에서 [너비]를 **10pt**로 설정합니다. 테두리가 두꺼워집니다. ☒를 클릭해 작업 창을 닫습니다.

04 기본 배경이 완성되었습니다. ❶ 가운데에 [텍스트 상자📋]를 삽입해 타이틀을 입력하고 ❷ 아래쪽에 로고와 저작권 표시 등을 넣어 카드 뉴스 표지를 완성합니다.

STEP 03 | 카드 뉴스 본문 만들기

01 카드 뉴스 본문은 카드 뉴스 표지와 이미지만 다르고 제작 방식은 유사합니다. ❶ 빈 슬라이드를 추가하고 ❷ 예제로 제공되는 **CHAPTER04\img\img0045.jpg** 이미지를 삽입합니다. ❸ 슬라이드 크기에 맞게 배치한 후 자르기 기능을 이용해 슬라이드 영역 밖으로 나간 부분을 자릅니다.

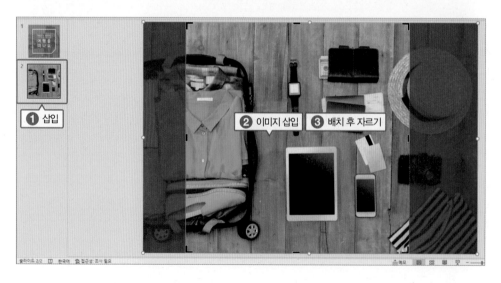

02 [그림 서식] 탭-[조정] 그룹-[색]-[채도: 0%]를 클릭해 이미지를 완전한 흑백으로 변경합니다.

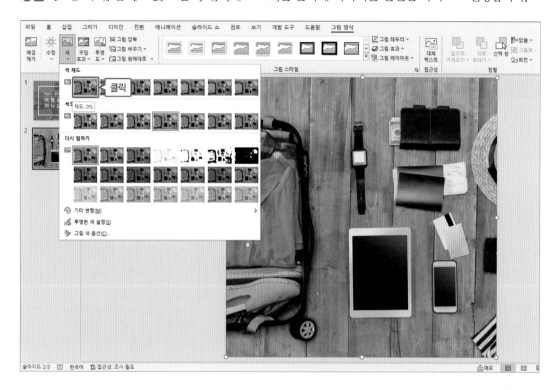

03 ❶ [홈] 탭-[그리기] 그룹의 도형 갤러리에서 [직사각형□] 도형을 슬라이드 전체를 가리도록 드래그해 배치합니다. ❷ [도형 윤곽선]은 [윤곽선 없음]으로, ❸ [도형 채우기]의 색상값은 **R28/G136/B87**로, [투명도]는 **20%**로 설정합니다.

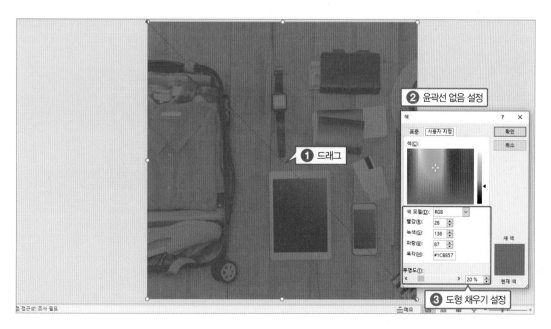

04 카드 뉴스 본문은 텍스트 영역을 정사각형으로 구분하겠습니다. **❶** [직사각형▢] 도형을 Shift 를 누른 상태로 드래그해 삽입하고 **❷** [도형 채우기]를 [채우기 없음]으로 설정합니다. **❸** 윤곽선은 표지와 동일하게 설정합니다.

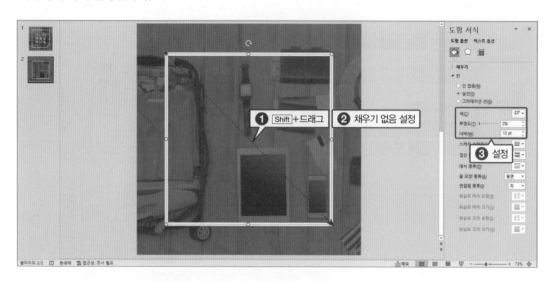

Tip 카드 뉴스의 전체적인 통일성을 위해 도형 형태를 뺀 나머지는 표지와 본문을 동일하게 표현하는 것이 좋습니다. [도형 윤곽선]은 [흰색, 배경 1]에 두께 **10pt**로 설정했습니다.

Tip 동일한 서식을 다른 슬라이드에 반복해서 작업할 때는 서식 복사 기능을 활용하면 편리합니다. 서식을 복사할 도형을 선택하고 Ctrl + Shift + C 를 누른 후 적용할 도형을 선택하고 Ctrl + Shift + V 를 누릅니다.

05 타이틀과 정보 입력 영역을 구분하겠습니다. **❶** [직사각형▢] 도형을 텍스트 영역 아래쪽에 삽입합니다. **❷** [도형 윤곽선]은 [윤곽선 없음], [도형 채우기]는 [흰색, 배경 1]로 설정합니다.

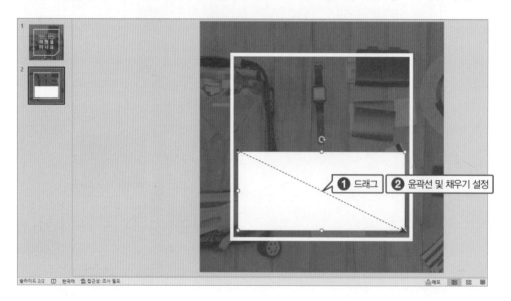

06 준비한 콘텐츠를 채워 넣습니다. 카드 뉴스는 순서대로 넘기면서 보는 것이 특징이므로 순서를 의미하는 숫자를 강조하고, 하얀색 영역에 정보를 입력합니다.

07 ❶ 계속해서 슬라이드를 복제하며 순서대로 카드 뉴스 콘텐츠를 완성합니다. 마지막에 엔딩을 알리는 카드 뉴스는 표지를 복사해서 만듭니다. ❷ 배경 이미지는 예제로 제공되는 **CHAPTER04\img\img005.jpg**로 교체하고 ❸ 텍스트를 수정합니다.

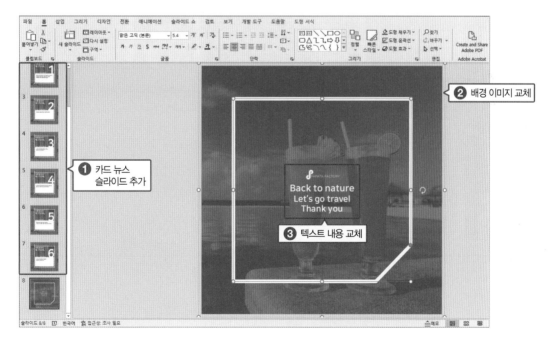

카드 뉴스 응용하기

앞에서 실습한 카드 뉴스에서 필터 효과 대신 이미지 색을 조정한 후 텍스트 영역을 다른 방식으로 구분해 입력하면 쉽게 다른 느낌을 구현할 수 있습니다. 카드 뉴스는 콘텐츠만 확실하면 다양한 형태로 디자인을 변형해 연출할 수 있습니다. 다음 예시는 예제로 제공되는 **CHAPTER04\0004. pptx**에서 확인할 수 있습니다.

PROJECT 03

내 프로필 디자인하기

입사나 이직을 준비할 때 또는 클라이언트에게 회사와 자신을 소개해야 할 때를 대비해 포트폴리오와 프로필을 미리 만들면 유용합니다. 한 번 만들면 필요할 때마다 바로바로 첨부해서 보낼 수 있고 다른 이력서와 차별화할 수 있어 유용합니다.

프로필 디자인이란

프로필(Profile) 디자인은 쉽게 말해 이력서의 역할을 하는 디자인입니다. 개인의 인적 사항과 경력 사항 등을 정리하고, 나만의 특장점을 살릴 수 있는 이미지를 활용해 디자인합니다. 프로필은 기본적으로 인적 사항, 경력 사항, 직무 능력 등을 포함해 작성합니다. 강사 프로필은 드러나는 이미지도 중요하므로 프로필 사진을 넣는 것이 좋습니다. 가장 신경 써야 하는 부분은 사진의 품질입니다. 다음 사례처럼 선명도가 높고 배경이 없는 자연스러운 사진을 배경으로 선택하면 좋습니다.

프로필 디자인

강의 요청이 들어오면 간략한 프로필과 포트폴리오를 보내야 하는 경우가 많습니다. 포트폴리오는 이후에 고민하기로 하고 여기서는 프로필 디자인을 먼저 살펴보겠습니다. 프로필 디자인에는 스튜디오에서 촬영한 프로필 사진을 활용하는 것이 좋지만 급하게 요청을 받으면 사진을 준비할 시간이 없습니다. 이때는 강한 자신감을 드러낼 수 있는 일러스트를 활용하여 만드는 것도 좋은 방법입니다.

◎ **디자인 콘셉트** 내 프로필을 요구하는 기업이나 단체에 보낼 디자인이므로 함께 일하고 싶다는 생각이 들도록 디자인해야 합니다. 강한 자신감을 표현하고, 주요 경력이나 실행 능력 등을 보기 좋게 정리합니다.

◎ **색상** 활용할 이미지 색상을 참고하여 전체적인 톤을 맞추는 것이 좋습니다. 이번 실습에서는 메인 일러스트에 사용된 색상을 추출하여 텍스트 색상으로 활용합니다.

SHIN KANG SIK	▪ POWERPOINT PROFESSIONAL	▪ shinpro@gmail.com
[색1 R127/G127/B127]	[색2 R238/G147/B96]	[색3 R65/G185/B154]

완성 예시

완성 파일 | CHAPTER04\0005(완성).pptx

01 슬라이드 크기는 A4 용지 가로 방향으로 설정하고 작업합니다. 빈 슬라이드에 프로필 사진으로 사용할 **CHAPTER04\img\img0051.png** 이미지를 삽입합니다.

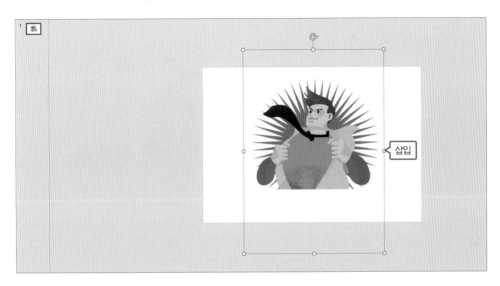

Quick Guide 슬라이드 크기 변경하기

[디자인] 탭−[사용자 지정] 그룹−[슬라이드 크기]−[사용자 지정 슬라이드 크기] 클릭 ➡ [슬라이드 크기] 대화상자에서 설정

---

02 이미지에서 필요 없는 부분을 자릅니다. ❶ 이미지를 클릭한 후 ❷ [그림 서식] 탭−[크기] 그룹−[자르기]를 클릭합니다. ❸ 자르기 조절점을 드래그하여 일러스트의 인물 부분만 남깁니다.

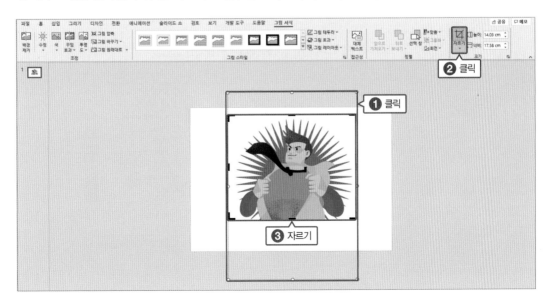

03 ❶ Esc를 눌러 자르기 작업을 마칩니다. 슬라이드에서 텍스트는 왼쪽에 입력할 예정입니다. ❷ 일러스트를 드래그하여 슬라이드 오른쪽 아래에 배치합니다.

04 텍스트를 삽입하고 타이틀이 강조되도록 메인 이미지와 어울리는 색감을 적용하겠습니다. ❶ [텍스트 상자▦]를 삽입하고 프로필 슬라이드에 필요한 텍스트를 입력합니다. ❷ 텍스트 전체를 드래그해 선택하고 ❸ 마우스 오른쪽 버튼을 클릭한 후 ❹ [텍스트 효과 서식]을 클릭합니다.

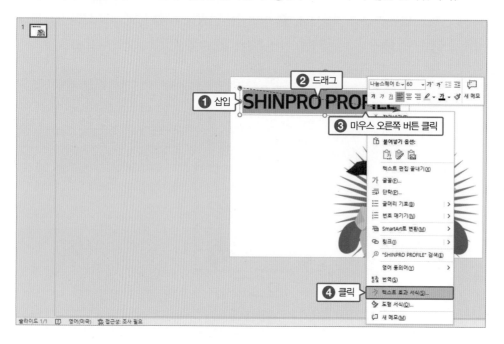

05 화면 오른쪽에 [도형 서식] 작업 창이 나타납니다. ❶ [텍스트 옵션]–[텍스트 채우기 및 윤곽선 Ⓐ]–[텍스트 채우기]를 클릭합니다. ❷ 하위 옵션에서 [그림 또는 질감 채우기]를 클릭하고 ❸ [삽입]을 클릭합니다. ❹ [그림 삽입] 대화상자가 나타나면 [파일에서]를 클릭하고 ❺ [그림 삽입] 대화상자에서 예제로 제공되는 **CHAPTER04\img\img0052.jpg** 이미지를 더블클릭하여 삽입합니다.

06 일러스트와 유사한 색상을 활용하여 인적 사항과 경력 사항 등을 입력합니다.

Tip 일러스트와 유사한 텍스트 색을 적용할 때 스포이드 기능을 활용하면 편리합니다.

PROJECT
04

성과를 어필하는
포트폴리오 디자인하기

학생이라면 취업을 준비할 때, 직장인이라면 이직이나 재취업을 준비할 때 자신의 능력이나 지금까지 성과를 정리하는 포트폴리오를 준비해야 합니다. 포트폴리오는 입사할 때가 아니더라도 클라이언트에게 보내야 하는 경우도 많고 디자인 회사라면 고객에게 포트폴리오 자체를 만들어 달라는 의뢰를 받을 수도 있습니다.

독창적이면서 명료한 포트폴리오

포트폴리오(Portfolio)는 자신의 실력을 보여줄 수 있는 작품이나 관련 자료를 모아 정리한 문서입니다. 이러한 이유로 자료 보관함 또는 서류 가방이라는 뜻을 포함하고 있습니다. 포트폴리오는 기본적으로 자신의 이력이나 능력이 부각되도록 작성해야 합니다. 더불어 다른 경쟁자의 포트폴리오보다 한 번 더 보고 싶도록 디자인도 우수하고 차별화되어야 합니다. 독창적이면서도 명료하게 디자인하는 것이 관건입니다.

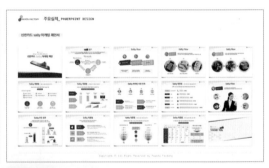

템플릿 디자인 | **포트폴리오 디자인**

고객이 포트폴리오를 요청했다고 가정하겠습니다. 미처 포트폴리오를 준비하지 못했지만 빠르게 만들어 보내야 합니다. 파파타팩토리를 믿고 작업을 의뢰할 수 있도록 여러 성과 중 성공적이었던 사례를 묶어 포트폴리오로 디자인해보겠습니다.

◉ **콘셉트** 직사각형과 위쪽이 둥근 사각형을 이용해 디자인으로 활용할 도형을 만들고 텍스트를 배치하는 방법으로 심플하게 구성합니다. 도형의 색상과 형태는 문서의 내용이나 목적에 맞게 디자인하면 더욱 좋습니다.

◉ **색상** 배경색을 포함해 네 가지 색상을 활용하여 배경을 꾸밉니다. 작성해야 할 내용이 많을 때 각 내용을 도식화하고 색으로 구분 짓기에도 적당합니다.

[색1 R251/G130/B111], [색2 R3/G20/B128], [색3 R234/G232/B235], [색4 R217/G217/B217]

◉ **레이아웃** 슬라이드 크기는 인쇄하기도 좋고 화면으로 봐도 편안한 A4 용지 가로 방향으로 설정합니다. 포트폴리오 표지가 될 제목 슬라이드의 레이아웃은 위와 아래, 중간에 도형을 배치하고 중앙에 타이틀을 배치하도록 구성합니다. 포트폴리오 디자인을 배치할 본문 슬라이드의 레이아웃은 디자인 결과물의 배치 영역을 고려하여 구성합니다.

 **완성 예시**

완성 파일 | CHAPTER04\0006(완성).pptx

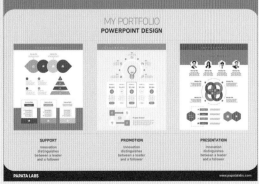

01 먼저 슬라이드 크기를 설정합니다. ❶ [디자인] 탭-[사용자 지정] 그룹-[슬라이드 크기]를 클릭합니다. ❷ [슬라이드 크기] 대화상자에서 [슬라이드 크기]는 [A4 용지], ❸ [방향]은 [가로]를 클릭한 후 ❹ [확인]을 클릭합니다. 포트폴리오 크기는 인쇄하기도 좋고 화면으로 봐도 편안한 A4 용지 가로 방향이 좋습니다.

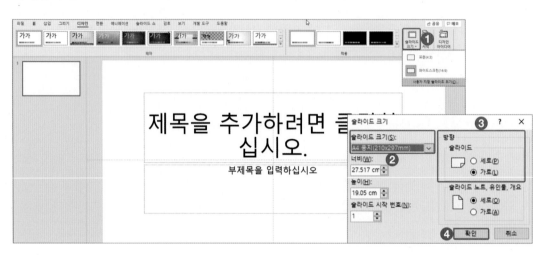

02 ❶ 슬라이드 전체를 덮을 [홈] 탭-[그리기] 그룹의 도형 갤러리에서 [직사각형▢] 도형을 슬라이드 크기에 맞게 삽입합니다. ❷ [사각형: 둥근 위쪽 모서리▢] 도형을 삽입한 후 아래 그림처럼 슬라이드 왼쪽 상단에 조정해 배치합니다. ❸ 오른쪽 중간과 ❹ 왼쪽 하단에도 도형을 복제하여 배치한 후 세부적으로 조정합니다.

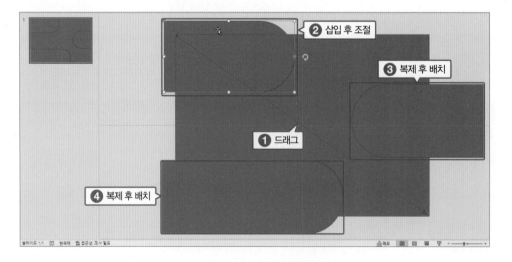

Tip [사각형: 둥근 위쪽 모서리▢] 도형은 위쪽 모서리가 원형이 될 수 있도록 노란색 조절점 ●을 조절하고 회전 조절점 ◉을 이용해 회전합니다.

03 ❶ 전체 도형을 드래그하여 선택하고 ❷ [도형 서식] 탭–[도형 삽입] 그룹–[도형 병합]–[조각🔘] 을 클릭합니다. 겹쳐진 도형이 모두 조각납니다.

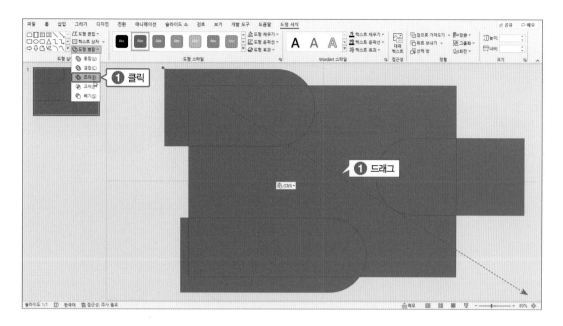

04 ❶ 1번 슬라이드를 Ctrl+D를 눌러 복제합니다. ❷ 복제한 2번 슬라이드에서 아래 그림과 같이 슬라이드 영역 밖으로 나간 불필요한 도형을 삭제합니다.

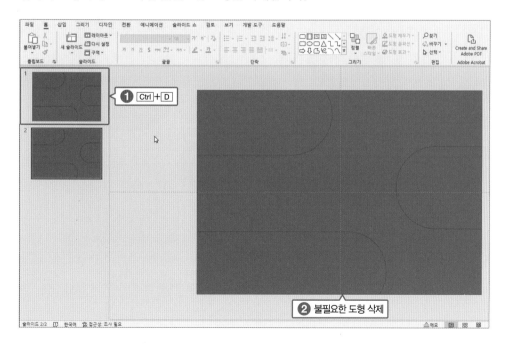

05 ❶ 남은 도형의 [도형 윤곽선]을 [윤곽선 없음]으로 설정한 후 ❷ [도형 채우기] 색상을 변경합니다. 메인 색상의 색상값을 **R251/G130/B111**로 설정합니다. ❸ 조각난 도형들을 아래 그림과 같이 배치하고 각각 진한 파란색 **R3/G20/B128**, 회색 **R217/G217/B217**로 설정합니다.

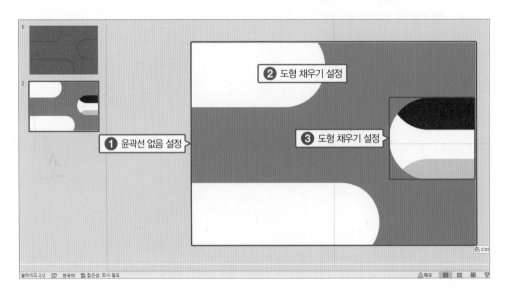

07 ❶ 조각난 도형을 복제해 추가로 배치하고 ❷ 텍스트, 로고, 저작권 표시 등을 삽입해 타이틀 페이지 작업을 완료합니다.

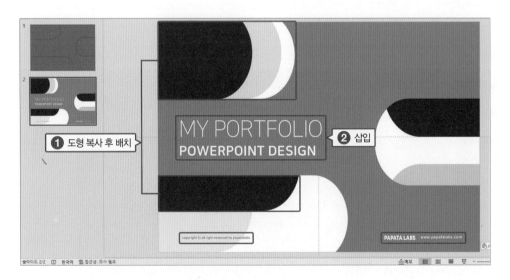

Tip [정렬] 기능의 [맨 뒤로 보내기], [뒤로 보내기]를 이용해 조각난 도형들을 배치하여 타이틀 페이지 디자인을 완성합니다.

01 ❶ 2번 슬라이드 뒤에 새 빈 슬라이드를 삽입합니다. 슬라이드 전체를 도형으로 채우고 배경을 회색으로 만들겠습니다. ❷ [직사각형☐] 도형을 슬라이드 전체에 채워지도록 드래그해 삽입합니다. ❸ [도형 윤곽선]을 [윤곽선 없음]으로 설정한 후 ❹ [도형 채우기]의 색상값을 연한 회색 **R234/G232/B235**로 설정합니다.

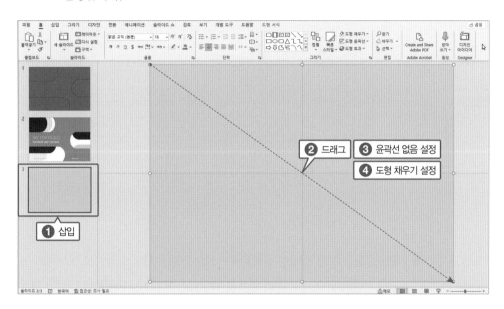

02 슬라이드 상단과 하단을 디자인하겠습니다. ❶ [직사각형☐] 도형을 상단에 삽입하고 ❷ [사각형: 둥근 모서리☐]를 아래 그림과 같이 배치합니다. 노란색 조절점●을 조절해 모서리를 둥글게 만들고 배치하면 됩니다.

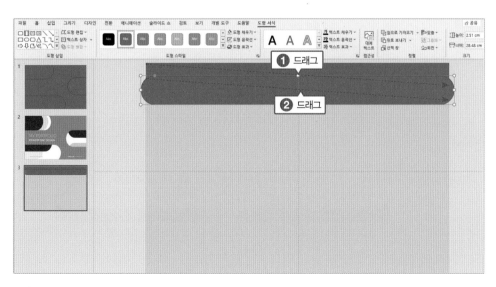

03 ① 삽입한 두 도형을 드래그해 동시에 선택합니다. ② [도형 서식] 탭-[도형 삽입] 그룹-[도형 병합]-[조각]을 클릭합니다. 겹쳐진 도형이 모두 조각납니다. ③ 상단의 도형만 남기고 하단의 불필요한 부분은 삭제합니다.

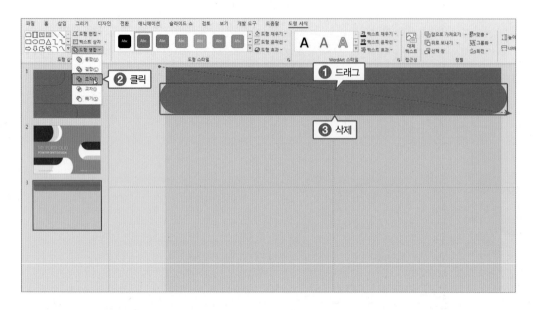

04 ① [도형 윤곽선]을 [윤곽선 없음]으로 설정한 후 ② 해당 도형을 복제하여 슬라이드 아래에도 배치합니다. [도형 채우기] 색상을 변경합니다. ③ 상단 도형의 색상값은 **R251/G130/B111**로 ④ 하단 도형의 색상값은 **R3/G20/B128**로 변경합니다.

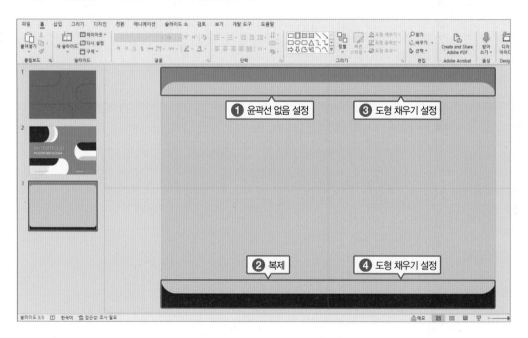

05 기본 배경을 완성했으니 이제 포트폴리오 이미지를 배치하겠습니다. 예제로 제공되는 **CHAPTER 04\img\img0053.jpg, img0054.jpg, img0055.jpg** 이미지를 모두 삽입하고 아래 그림과 같이 배치합니다.

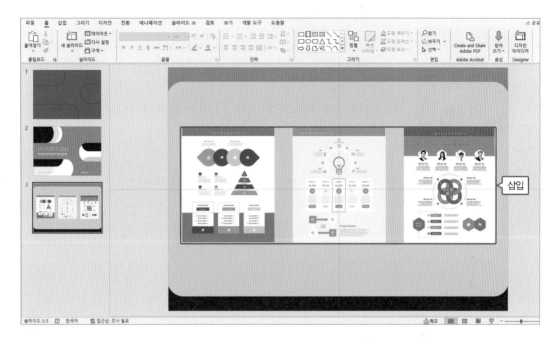

Tip 삽입한 이미지는 크기를 조절하고 각각 적당한 위치에 배치합니다. [정렬]–[맞춤] 기능의 [중간], [가로 간격을 동일하게]를 적용해 균형 있게 배치합니다.

06 나머지 텍스트를 입력해 포트폴리오 페이지를 완성합니다. 유사한 방법으로 여러 페이지를 디자인해 포트폴리오를 완성할 수 있습니다.

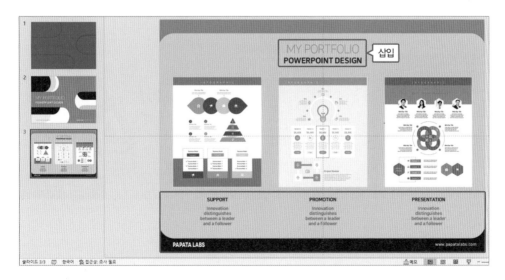

PROJECT 05

홍보용 포스터 디자인하기

길거리는 물론 온라인에서도 홍보 포스터와 같은 광고물을 쉽게 볼 수 있습니다. 포스터 디자인을 전문 디자이너에게 맡기는 시간과 비용이 부담된다면 직접 만드는 것도 좋습니다. 포스터도 파워포인트만 있으면 어렵지 않게 만들 수 있습니다.

포스터 디자인

포스터(Poster)는 특정 내용을 대중에게 널리 알리기 위해 만든 이미지 또는 인쇄물입니다. 포스터를 활용한 홍보는 온라인은 물론 오프라인에서도 매우 중요한 역할을 합니다. 포스터는 메시지를 이미지만으로 표현하거나 글과 이미지를 함께 활용하여 전달합니다. 글 없이 이미지만 넣어 표현해도 메시지가 충분히 전달되면 괜찮습니다. 포스터의 표현 방법은 매우 다양합니다. 이미지와 텍스트를 결정하고, 어떤 구도로 구성할지, 어떤 색상으로 표현할지 등을 잘 결정해야 합니다. 특히 메시지가 강하고 정확하게 전달될 수 있도록 포스터 한 장에 모든 것을 담을 수 있어야 합니다.

다양한 포스터 구성의 예시

포스터의 종류 및 주의사항

포스터는 사용 목적에 따라 다양하게 분류할 수 있습니다. 홍대나 대학로 또는 강남역에서 흔히 볼 수 있는 행사나 공연 등을 알리는 홍보 포스터, 선거 때 자주 보이는 후보자 선전을 위한 정치 포스터, 마트나 음식점에서 상품이나 메뉴를 알리는 광고 포스터, 인테리어나 전시 등에 활용되는 아트 포스터(장식 포스터) 등이 대표적입니다. 이외에도 인쇄해서 시각적으로 정보를 전달하는 모든 형식을 포스터라고 부릅니다. 개인의 기념일, 일정, 공지 등을 전달하는 디자인도 포스터입니다. 포스터를 디자인할 때 지켜야 할 사항을 살펴보겠습니다.

• 핵심만 정리해서 디자인합니다. 지나치게 많은 텍스트로 구성하면 내용을 파악하는 데 시간이 오래 걸리므로 주의합니다. 심플한 것도 좋지만 반드시 전달해야 하는 정보는 빠트리지 않아야 합니다. 무조건 보기 좋은 것보다 정보를 얼마나 더 명확하게 전달하느냐가 핵심입니다. 또한 보는 사람이 추가 정보를 찾기 위해 고생하는 일이 없도록 신경 써야 합니다.

• 포스터 디자인은 주로 실외에 부착합니다. 따라서 멀리서도 한눈에 알아볼 수 있도록 타이틀과 주요 정보가 잘 보이도록 조정해야 합니다. 강조하려는 마음이 앞서 고채도 색상을 쓰는 것도 주의해야 합니다. 고채도 색상은 눈에는 잘 띄지만 오래 보면 눈이 피로해지므로 가독성을 해칠 수 있습니다. 또한 잘못 사용하면 오히려 부자연스러워 보일 수 있습니다.

• 시선을 끌기 위해 선정적인 이미지를 쓰거나 해상도가 떨어지는 이미지를 쓰면 포스터 디자인의 품질이 떨어질 뿐만 아니라 브랜드 이미지도 타격을 입을 수 있으므로 주의합니다.

행사 홍보 포스터 디자인

시계 브랜드 신상품 런칭 행사에 셀럽이나 기자 등 브랜드 관계자를 초청하려고 합니다. 이미지와 도형을 활용하고 주요 정보와 함께 디자인해봅니다. 쉽고 간단한 디자인으로 멋진 포스터를 만들 수 있습니다.

◎ **콘셉트** 어떤 행사인지 직관적으로 알 수 있는 이미지를 활용하고 포스터의 핵심 내용이 잘 전달될 수 있도록 강조하여 디자인합니다.

◎ **색상** 메인 색상은 제품의 색이나 기업이 추구하는 아이덴티티의 컬러를 활용합니다.

◎ **폰트** 폰트는 [나눔스퀘어 ExtraBold]와 [나눔스퀘어 Light]를 사용하고 텍스트 크기는 내용에 따라 적절히 입력합니다. 예시에서는 어두운 배경 위에 글을 입력하므로 색상은 밝은 흰색을 씁니다. 강조해야 할 날짜와 시간은 꾸미는 색으로 포인트를 줍니다.

 완성 예시

완성 파일 | CHAPTER04\0007(완성).pptx

01 슬라이드 크기는 [A4 용지]에 가로 방향으로 설정하고 작업합니다. 빈 슬라이드에 **CHAPTER04 \img\img0003.jpg** 이미지를 찾아 삽입합니다.

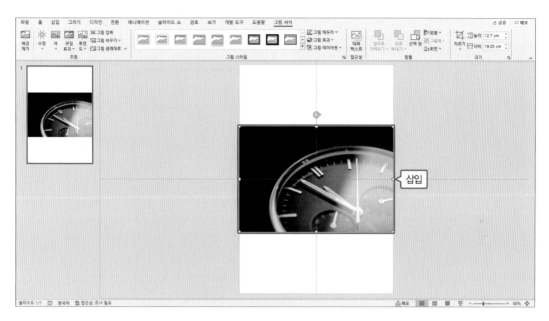

02 삽입한 이미지는 시계 부분이 잘 보이도록 슬라이드에 맞춰 배치합니다. 슬라이드 영역 밖으로 나간 부분은 자르기 기능으로 자릅니다.

Tip Microsoft 365 이상 버전에서는 그림을 삽입하면 오른쪽에 [디자인 아이디어] 작업 창이 나타납니다. 이미지를 슬라이드에 자동으로 맞춰주는 제안을 통해 편리한 디자인을 지원합니다.

01 포스터에 도형을 추가해 디자인을 해보겠습니다. 이미지 위에 상하좌우 여백을 조금씩 두고 [홈] 탭-[그리기] 그룹 도형 갤러리에서 [직사각형▢] 도형을 삽입합니다.

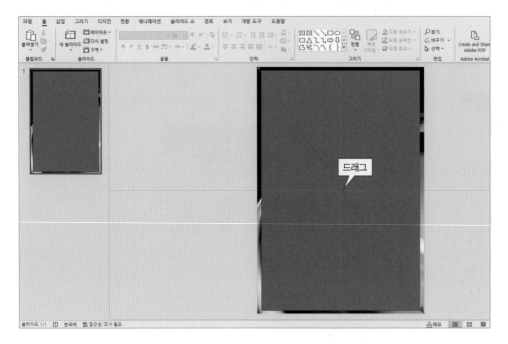

02 [이중 물결◪] 도형을 아래 그림과 같이 [직사각형▢] 도형의 오른쪽 일부와 겹치도록 배치합니다.

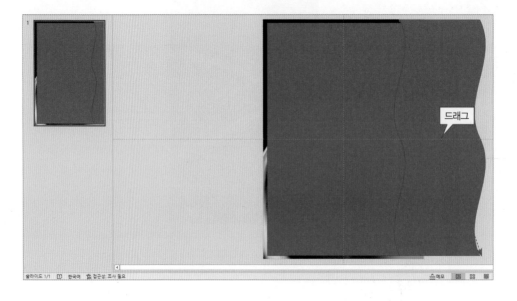

03 ❶ 삽입한 두 도형을 드래그해 같이 선택하고 ❷ [도형 서식] 탭–[도형 삽입] 그룹–[도형 병합] [조각🔳]을 클릭합니다. ❸ 디자인에 필요한 두 도형을 제외하고 불필요한 부분은 삭제합니다.

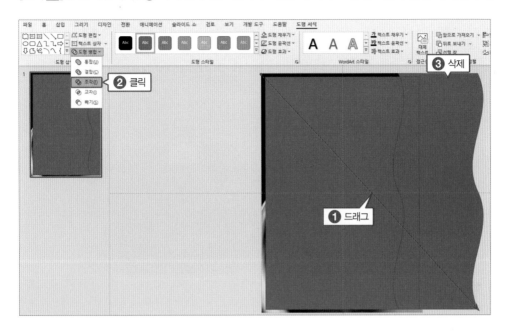

> **Tip** 두 개의 도형을 드래그해 같이 선택할 때 배경으로 삽입한 이미지까지 같이 선택되지 않도록 주의합니다. Shift를 누른 상태에서 두 도형을 각각 클릭하는 것도 한 방법입니다.

04 ❶ 두 도형 모두 [도형 윤곽선]을 [윤곽선 없음]으로 설정합니다. ❷ 왼쪽 도형은 [도형 채우기]의 색상을 [검정, 텍스트1, 15% 더 밝게]로, [투명도]는 **20%**로 설정합니다. 오른쪽 도형은 [도형 채우기]의 색상값을 **R237/G85/B69**로, [투명도]는 **20%**로 설정합니다. 배경으로 배치한 이미지가 살짝 비쳐 보입니다.

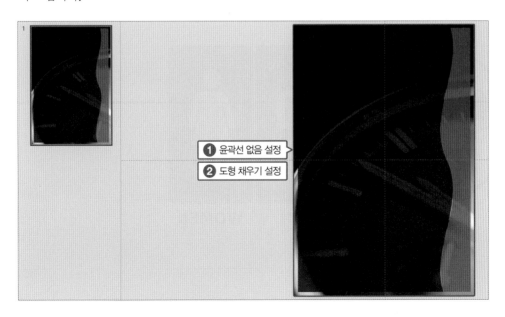

05 마지막으로 [텍스트 상자]를 삽입한 후 텍스트를 입력하여 포스터 디자인을 마무리합니다.

신프로 특강

픽토그램(Pictogram)

픽토그램(Pictogram)은 그림을 뜻하는 픽토(Picto)와 전보를 뜻하는 텔레그램(Telegram)을 합친 말입니다. 쉽게 말해 '그림 문자'를 말합니다. 많은 사람이 그림만 보고 어떤 의미인지 빠르게 인식할 수 있도록 만든 상징 문자입니다. 글자에 비해 직관적이고 언어가 달라도 누구라도 이해할 수 있어 전 세계 어디서나 두루 쓰입니다. 특히 공항, 식당, 관광지, 공공장소, 호텔과 같이 많은 사람이 이용하는 시설에 많이 사용되며 대표적으로 공용 화장실에서 남녀를 구분하는 픽토그램은 다음과 같습니다.

금연 표시나 비상구 같은 표시도 픽토그램으로 표현하는 대표적인 사례입니다. 픽토그램은 무료 사이트에서도 구할 수 있고 구글로 검색해도 쉽게 찾을 수 있습니다. 간단한 픽토그램은 파워포인트 도형 기능으로도 쉽게 그릴 수 있습니다.

◎ **유용한 무료 픽토그램 사이트** thenounproject.com/iconfinder.com/flaticon.com

◎ **구글 검색하기** **픽토그램**이나 **아이콘**으로 검색하거나 픽토그램이 필요한 단어를 입력해서 결과를 얻을 수 있습니다. 검색 키워드를 영문으로 입력하면 더 많은 결과를 얻을 수 있습니다. 검색어 뒤에 **png**를 함께 입력해서 검색하면 배경이 투명한 픽토그램을 찾을 수 있습니다(예: car png).

PROJECT 06

브랜드를 대표하는 SNS 커버, 섬네일 이미지 만들기

요즘에는 회사들도 서비스, 제품, 브랜드를 홍보하기 위해 다양한 SNS 채널을 활용합니다. 이러한 SNS에는 계정을 대표하는 메인 이미지, 섬네일을 사용하는데, 대표적으로 페이스북 페이지의 커버와 유튜브의 섬네일이 있습니다. SNS에 사용할 이미지 역시 파워포인트를 이용하면 쉽게 완성할 수 있습니다.

페이스북 페이지의 커버 사진

페이스북 페이지는 개인 계정이 아닌 브랜드나 단체명으로 사용하는 비즈니스 계정이 대부분입니다. 개인 계정이 아니므로 커버 사진이나 프로필 사진을 만들 때 회사나 브랜드를 잘 살릴 수 있는 이미지를 활용해야 합니다. SNS마다 크기가 약간씩 다르므로 필요한 크기를 미리 확인합니다. 이번에 제작할 페이스북 페이지 커버 사진은 너비가 851px이고 높이가 315px인 이미지에 최적화되어 있습니다. 이 크기에 맞춰 레이아웃 계획을 세우고 디자인해보겠습니다.

템플릿 디자인 **페이스북 페이지 커버 디자인**

파워포인트 정보를 얻으려는 페이스북 페이지의 팔로우 고객과 검색으로 유입될 잠재 고객에게 좀 더 전문적인 느낌을 전달할 수 있도록 신프로의 페이스북 페이지 커버 사진을 새롭게 단장하려고 합니다.

○ **콘셉트** 파워포인트가 연상되고 전문적인 느낌이 강조되도록 노트북으로 무언가 작업하는 사무실 분위기 이미지를 배경으로 사용합니다. 복잡하게 보이지 않도록 도형에 투명도를 적용하여 필터 효과를 연출하고, 단색 텍스트로 핵심 메시지만 전달합니다.

○ **색상** 홍보물을 디자인할 때는 가능하면 브랜드나 로고와 어울리는 색상을 활용합니다. 여기서 사용하는 파스텔 톤 녹색은 필터를 적용할 도형의 채우기 색으로 사용합니다. 파스텔 톤 색상은 밝고 따뜻한 느낌을 주지만 채도와 명도가 지나치게 높아지면 촌스러워 보일 수 있으므로 주의합니다.

도형 채우기 색상 [R65/G185/B154], 투명도 [20%]

○ **폰트** 폰트는 [나눔스퀘어 ExtraBold]를 사용합니다. 메인으로 사용할 배경 색상이 과하게 어둡거나 밝지 않으므로 폰트 색상은 검은색과 흰색을 모두 사용할 수 있습니다. 여기서는 흰색을 활용합니다.

폰트 색상 [R255/G255/B255]

○ **레이아웃** 페이스북 페이지의 커버 사진은 최적 크기가 851×315px입니다. 파워포인트에서는 기본 크기 단위가 센티미터(cm)입니다. 그러므로 슬라이드 크기를 변경할 때 단위인 **px**를 꼭 입력해야 합니다. 이번 페이스북 커버 사진 디자인에서는 중앙에 타이틀을 배치할 예정입니다. 중앙 배치에 유리하도록 눈금선을 표시하고 위쪽과 아래쪽 여백을 구분할 안내선 정도만 배치합니다.

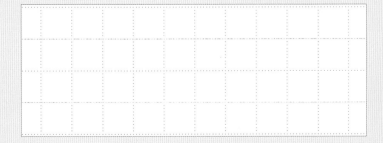

01 레이아웃에 맞는 빈 슬라이드를 준비하겠습니다. ❶ [디자인] 탭-[사용자 지정] 그룹-[슬라이드 크기]-[사용자 지정 슬라이드 크기]를 클릭합니다. ❷ [슬라이드 크기] 대화상자에서 [너비]에 **851px**, [높이]에 **315px**를 입력합니다. ❸ [확인]을 클릭합니다.

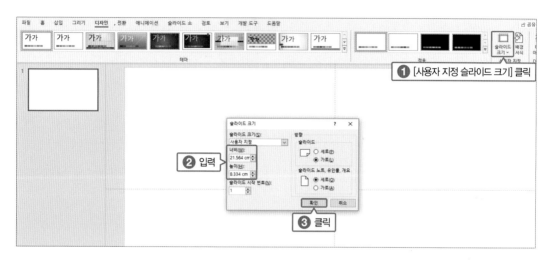

Tip 851px는 22.516cm, 315px는 8.334cm로 자동 변환됩니다.

02 ❶ [보기] 탭-[표시] 그룹에서 [눈금선]과 [안내선]에 각각 체크합니다. ❷ 레이아웃 계획에 맞춰 가로 안내선을 아래 그림처럼 배치합니다.

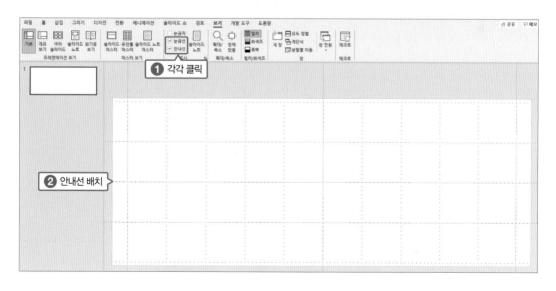

Tip [안내선]에 체크하면 기본으로 표시되는 안내선을 Ctrl을 누른 상태로 드래그하여 추가할 수 있고 슬라이드 바깥으로 드래그하여 제거할 수도 있습니다.

03 배경으로 사용할 이미지를 삽입합니다. 예제로 제공되는 **CHAPTER04\img\img0057.jpg** 이미지를 삽입합니다. 페이스북 커버 사진에 넣을 이미지는 브랜드나 회사의 특징이 잘 드러나는 것으로 선택합니다.

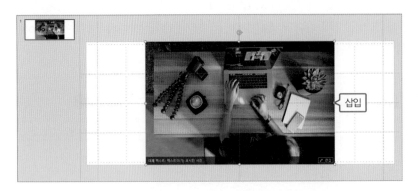

04 삽입한 이미지를 슬라이드 너비에 맞게 조절하여 배치합니다. 슬라이드 영역 밖으로 나간 부분은 자르기 기능으로 자릅니다.

05 자를 영역이 지정되면 이미지 바깥을 클릭하거나 Esc 를 눌러 자르기 작업을 마칩니다. 남은 영역이 마음에 들지 않으면 자르기 기능으로 남길 영역을 변경할 수 있습니다.

01 복잡한 배경에 텍스트를 입력하거나 색상 톤을 정리할 때는 도형을 사용해 필터 효과를 적용하면 효과적입니다. [홈] 탭-[그리기] 그룹의 도형 갤러리에서 [직사각형▢] 도형을 슬라이드 크기에 맞춰 드래그해 삽입합니다.

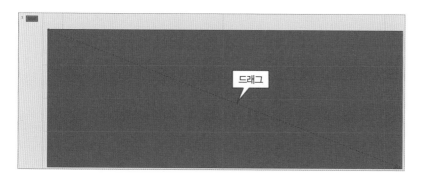

02 삽입한 도형의 ❶ [도형 윤곽선]은 [윤곽선 없음]으로, ❷ [도형 채우기]의 색상값은 **R65/G185/B154**로, [투명도]는 **20%**로 설정합니다.

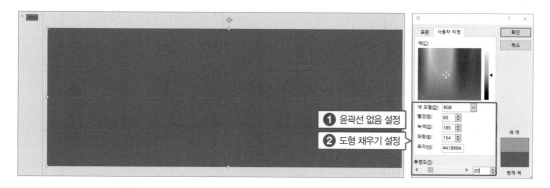

03 삽입한 도형에 투명도를 적용하면 아래에 배치된 이미지가 자연스럽게 비쳐 녹색 필터를 적용한 것처럼 표현됩니다.

01 [텍스트 상자]를 삽입합니다. 텍스트의 간격을 자유롭게 조정할 수 있도록 각 줄을 별도의 텍스트 상자로 입력합니다. 폰트는 [나눔스퀘어 ExtraBold], 색은 하얀색 **R255/G255/B255**으로 설정합니다.

02 텍스트의 간격이나 크기를 세부적으로 조정합니다. 특히 상단에 배치한 텍스트는 [홈] 탭-[단락] 그룹-[균등 분할]을 클릭해 입력한 텍스트가 텍스트 상자 좌우에 넓게 퍼지도록 조정합니다.

03 마지막으로 로고와 저작권 표시를 배치하여 완성합니다.

템플릿 디자인 │ 유튜브 섬네일 만들기

유튜브 섬네일은 무엇보다 시청을 유도하는 강력한 메시지 전달이 중요합니다. 동영상에 사용된 특정 장면이나 출연자의 사진을 편집하여 배경으로 깔고 호기심을 부르는 메시지를 가독성 좋게 강조하는 방법을 많이 사용합니다. 파워포인트를 활용하면 쉽게 섬네일을 만들 수 있습니다.

◎ **디자인 콘셉트** 유튜브 섬네일에 사용되는 16:9 비율의 슬라이드에서 작업합니다. 배경에는 이미지를 삽입하고 이미지의 주목도를 올리는 테두리를 삽입합니다.

◎ **색상** 전체적인 색상은 유튜브 채널의 테마 이미지 혹은 배경에 삽입한 이미지 색과 잘 조화되는 색으로 결정합니다.

◎ **폰트** 온라인에서 무료/상업적으로 사용 가능한 다양한 폰트를 적절히 활용합니다. 섬네일의 분위기를 잘 살릴 수 있고 가독성이 높은 폰트가 적절합니다.

 완성 예시

완성 파일 | CHAPTER04\0009(완성).pptx

01 우선 16:9 비율의 슬라이드를 준비합니다. 파워포인트 2013 이후 버전부터 새 파일을 만들면 자동으로 16:9 비율의 슬라이드가 만들어집니다. [디자인] 탭−[사용자 지정] 그룹−[와이드스크린(16:9)]를 클릭하면 16:9 비율의 슬라이드로 작업할 수 있습니다.

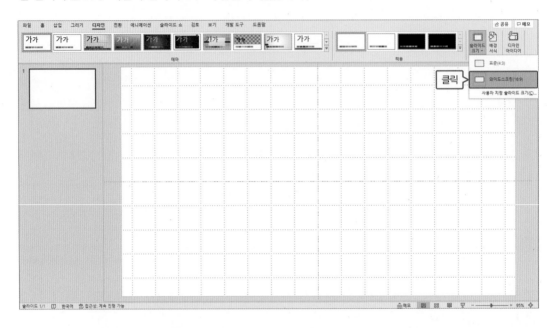

02 배경 이미지를 삽입하겠습니다. ❶ 예제로 제공되는 **CHAPTER04\img\img0004.jpg** 이미지를 삽입하고 ❷ 슬라이드에 맞게 배치한 후 슬라이드 영역 밖으로 빠져나간 부분은 자르기 기능을 이용하여 자릅니다.

01 섬네일이 잘 보이도록 강조하기 위해서 테두리를 만듭니다. ❶ [홈] 탭-[그리기] 그룹의 도형 갤러리에서 [직사각형□] 도형을 슬라이드 크기에 맞게 드래그해 삽입합니다. ❷ [사각형: 둥근 모서리 ▢] 도형은 슬라이드 상하좌우에 여백을 두고 드래그해 삽입합니다.

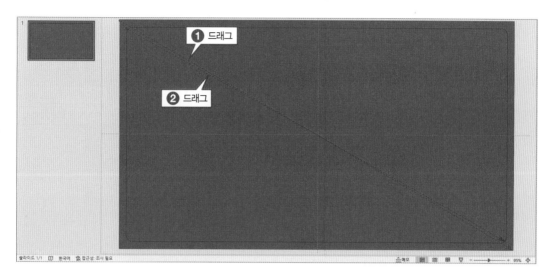

02 삽입한 두 도형을 드래그해 같이 선택하고 [도형 서식] 탭-[도형 삽입] 그룹-[도형 병합]-[조각 ◉]을 클릭합니다. 테두리 부분만 남기고 가운데 필요 없는 부분은 Delete를 눌러 삭제합니다.

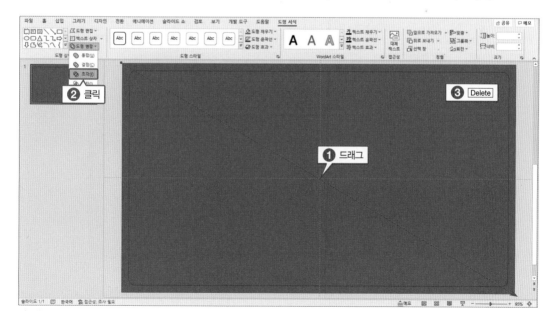

STEP 03 | 섬네일 텍스트 삽입하기

01 이미지에 윤곽선이 적용되었습니다. 윤곽선 역할을 하는 도형의 ❶ [도형 윤곽선]은 [윤곽선 없음], ❷ [도형 채우기]의 색상값은 **R59/G22/B162**로 설정합니다.

Tip [사각형☐] 도형을 삽입하고 [도형 채우기]는 [채우기 없음]으로 설정한 후 윤곽선 두께 등을 조절해 간단히 윤곽선을 만들 수도 있습니다.

02 유튜브 섬네일에서는 일반적으로 텍스트를 강조하기 위해 두꺼운 폰트를 활용하는 것이 좋습니다. 예제에서는 무료로 사용할 수 있는 [에스코어 드림] 폰트를 활용했습니다. [텍스트 상자▦]를 삽입하고 텍스트를 추가합니다. 채널 로고 등에 도형을 추가해 강조하는 것도 좋습니다.

Tip [에스코어 드림] 폰트는 https://www.s-core.co.kr/company/font에서 다운로드할 수 있습니다. 해당 폰트는 1~8단계의 두께를 선택할 수 있습니다.

03 [텍스트 상자📝]를 삽입하고 섬네일 메인 제목 텍스트를 추가합니다. 삽입한 텍스트 상자의 회전 조절점 @을 드래그해 기울인 효과를 적용할 수도 있습니다.

04 ❶ **'포토샵'** 텍스트를 드래그해 선택하고 ❷ [글꼴 색📝]을 **R255/G255/B102**로 설정합니다. 텍스트 윤곽선은 ❸ [도형 서식] 탭-[WordArt 스타일] 그룹-[텍스트 윤곽선]-[두께]-[3pt]로 설정하고 ❹ [다른 윤곽선 색]에서 색상값을 **R59/G22/B162**로 설정합니다.

빠르게 정보를 전달하는 인포그래픽

인포그래픽은 필요한 데이터를 정리해 시각적으로 보여주는 디자인으로 매우 다양한 분야에서 사용되고 있습니다. 인포그래픽의 수요가 늘면서 더 쉽고 빠르게 만들 수 있는 방법을 고민하는 사람이 늘고 있습니다. 이러한 인포그래픽도 파워포인트를 이용해 쉽게 만들 수 있습니다.

인포그래픽

인포그래픽(Infographics)은 정보(Information)와 그래픽(Graphic)의 합성어로, 복잡한 정보, 데이터, 지식을 빠르고 명확하게 설명하기 위해 그래픽 요소로 시각화한 것을 말합니다. 간략히 요약하면 정보를 읽지 않고 볼 수 있도록 전달하는 방법입니다. 긴 글과 복잡한 내용을 그림으로 간략히 정리하여 보는 사람이 더 효과적으로 정보를 받아들일 수 있도록 디자인하는 것이 포인트입니다. 교육, 상업, 광고, 업무 등 인포그래픽을 활용하여 내용을 전달하는 분야가 다양해지면서 인포그래픽을 좀 더 쉽게 제작하는 방법이나 도구에 대한 관심이 많아지고 있습니다.

다음 사례와 같이 안전에 대한 내용은 사람들이 바로 인지하고 언제라도 떠올릴 수 있도록 만드는 것이 매우 중요합니다. 누가 보더라도 쉽게 이해하고 친근하게 받아들일 수 있도록 표현한 예입니다.

(인포그래픽 제공 : 디자인스튜디오 써니아일랜드, sunnyisland.kr)

안전한 겨울 산행 등산객들의 사고를 예방하고 안전한 산행 문화가 정착되도록 시각적으로 내용을 정리한 디자인

지진 안전 지진을 대비하고 지진이 일어났을 때 대처하는 방법을 표현한 디자인

미래 직업 미래 직업을 픽토그램을 사용해서 이해하기 쉽게 소개한 디자인

템플릿 디자인 | 인포그래픽 디자인

새로운 커피숍 브랜드를 런칭한다고 가정하겠습니다. 고객들이 음료 제조 방법을 쉽게 알 수 있도록 인포그래픽으로 만들어보겠습니다.

◉ **콘셉트** 커피숍을 이용하는 고객이 음료의 제조 과정을 쉽게 이해하고 주문할 수 있도록 돕는 것이 기본 목표이므로 다음 사항을 중점적으로 고려합니다.

• 브랜드 색상을 기본 바탕으로 하여 브랜드 이미지를 각인하고, 전달하려는 핵심 메시지를 그림으로 강조하여 고객의 이해를 높인다.

• 복잡한 그래픽 효과를 배제하고 업종과 관련된 사진이나 이미지를 적절히 활용하며 단순한 색상과 도형을 배치해 깔끔하게 디자인한다.

• 각 항목을 색으로 구분하고 간략한 텍스트만 배치하여 고객이 정확하게 이해할 수 있도록 디자인한다.

◉ **색상** 특정 브랜드와 관련된 디자인은 해당 브랜드 로고 등에 사용되는 브랜드 컬러를 메인 색상으로 활용하는 것이 좋습니다. 이번 프로젝트에서는 해당 커피숍의 브랜드 컬러를 배경색으로 사용하여 강조합니다. 음료 제조 방법을 이미지로 표현해야 하므로 사용하는 재료를 각각 다른 색으로 표현합니다.

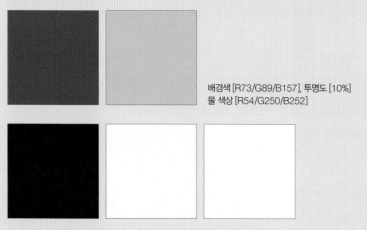

배경색 [R73/G89/B157], 투명도 [10%]
물 색상 [R54/G250/B252]

에스프레소 색상 [R73/G45/B39], 스팀밀크 색상 [R242/G242/B242], 품밀크 색상 [R255/G255/B255]

◉ **폰트** 슬라이드 텍스트의 폰트는 [나눔스퀘어 ExtraBold]를 사용합니다. 배경 색상이 짙은 편이어서 글자가 검은색 계열이면 가독성이 떨어질 수 있습니다. 나머지 음료 제조 방법 색상은 에스프레소 색과 유사한 톤으로 맞춥니다.

글자 색 [R255/G255/B255], [R73/G45/B39]

레이아웃 인쇄를 가정해 작업해야 하므로 가장 일반적인 A4 용지 크기에 맞춥니다. 음료 제조 방법을 강조하는 콘셉트에 맞춰 슬라이드를 가로로 2등분하고, 위쪽에는 브랜드 이미지나 타이틀, 아래쪽에는 음료 제조 방법을 도형으로 만들어 표현합니다.

완성 예시

완성 파일 | CHAPTER04\0011(완성).pptx

01 슬라이드 크기를 A4 용지 가로 방향으로 설정하고 작업하겠습니다. ❶ [디자인] 탭−[사용자 지정] 그룹−[슬라이드 크기]−[사용자 지정 슬라이드 크기]를 클릭합니다. ❷ [슬라이드 크기] 대화상자에서 [슬라이드 크기]는 [A4 용지], ❸ [방향]은 [가로]로 설정합니다. ❹ [확인]을 클릭합니다.

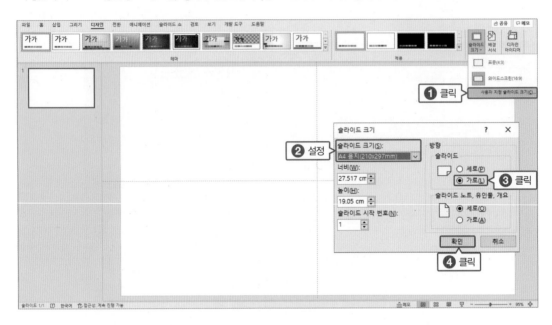

02 [보기] 탭−[표시] 그룹−[안내선]에 체크합니다. 레이아웃 계획에 맞춰 기본 세로 안내선을 기준으로 작업하겠습니다.

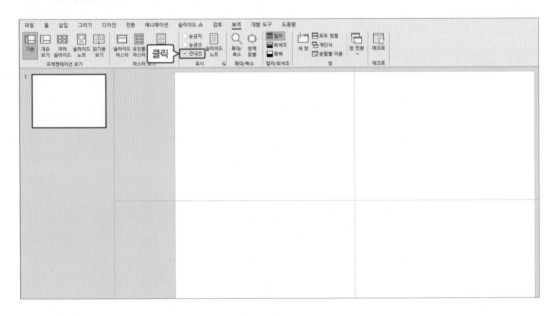

03 슬라이드 배경으로 사용할 도형을 삽입하겠습니다. ❶ [홈] 탭-[그리기] 그룹의 도형 갤러리에서 [직사각형□] 도형을 슬라이드 크기에 맞게 드래그해서 삽입합니다. ❷ [홈] 탭-[그리기] 그룹-[도형 윤곽선]-[윤곽선 없음]을 클릭합니다.

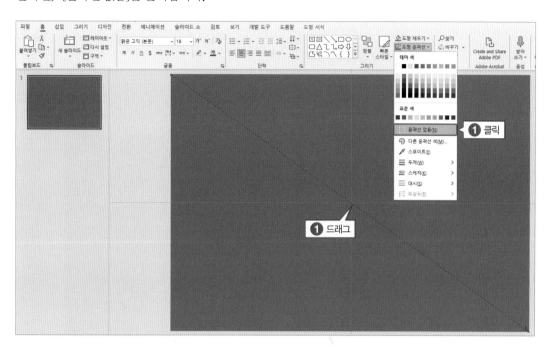

04 ❶ [홈] 탭-[그리기] 그룹-[도형 채우기]-[다른 채우기 색]을 클릭합니다. [색] 대화상자가 나타나면 ❷ [사용자 지정] 탭을 클릭합니다. ❸ 색상값은 **R73/G89/B157**, ❹ [투명도]는 **10%**로 설정하고 ❺ [확인]을 클릭합니다.

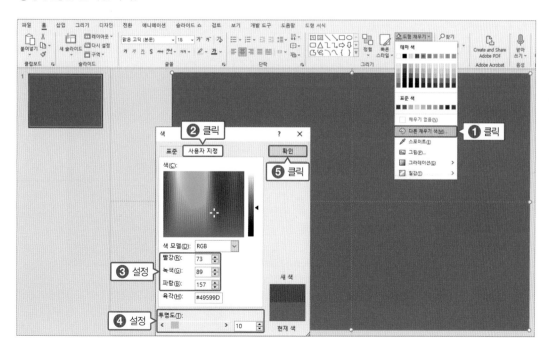

01 인포그래픽에 활용할 컵 모양 도형을 만들겠습니다. ❶ [순서도: 수동 연산▽] 도형을 아래 그림과 같이 드래그해 삽입합니다. 삽입한 도형은 ❷ [도형 윤곽선]을 [윤곽선 없음]으로, ❸ [도형 채우기]의 색상값을 하얀색 **R255/G255/B255**로 설정합니다.

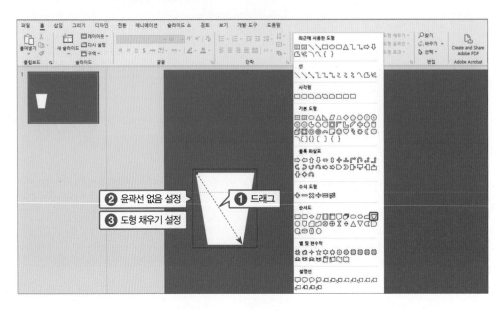

02 ❶ [기본 도형: 도넛◎] 도형을 아래 그림과 같이 드래그해 삽입합니다. 삽입한 도형은 ❷ [도형 윤곽선]을 [윤곽선 없음]으로, ❸ [도형 채우기]의 색상값을 하얀색 **R255/G255/B255**로 설정합니다.

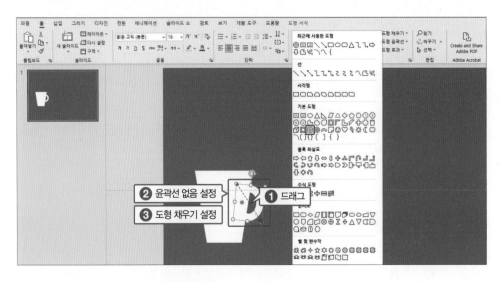

Tip 삽입한 도형에 동일한 디자인을 적용할 때는 서식 복사 기능을 활용하면 편리합니다. 도형 모양은 노란색 조절점 ●과 회전 조절점 ◉을 드래그해 변형할 수 있습니다.

03 ❶ 삽입한 도형을 드래그해 모두 선택하고 ❷ Ctrl + G 를 눌러 그룹으로 묶습니다.

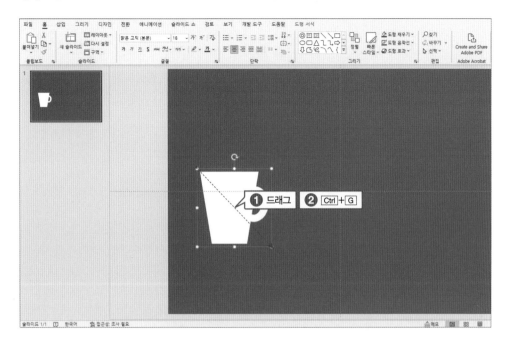

04 완성한 컵 개체 그룹을 Ctrl 을 누른 상태로 오른쪽으로 드래그해서 복제합니다. 이때 Shift 를 누른채로 드래그하면 수평으로 복제할 수 있습니다. 세 종류의 음료 제조 방법을 표현할 것이므로 세 개를 만듭니다.

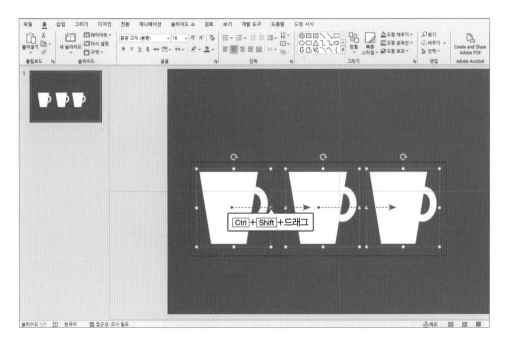

01 각 컵 안에 커피 재료를 표현해보겠습니다. ❶ [순서도: 수동 연산▽] 도형을 아래 그림과 같이 컵 안에 각각 드래그해 삽입합니다. ❷ [도형 윤곽선]을 [윤곽선 없음]으로, ❸ [도형 채우기]의 색상값은 밝은 하늘색 **R154/G250/B252**, 에스프레소 색 **R73/G45/B39**로 각각 설정합니다.

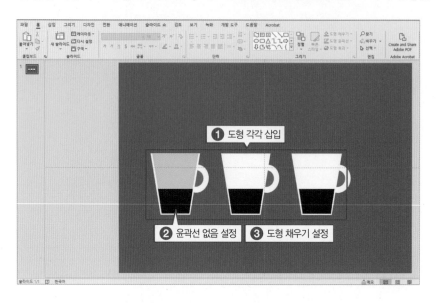

Tip 동일한 모양의 도형을 작업할 때는 하나의 도형을 편집한 후 복제해 배치하면 작업 시간을 줄일 수 있습니다.

02 계속해서 음료에 사용되는 재료와 비율에 따라 ❶ [순서도: 수동 연산▽] 도형을 아래 그림과 같이 컵 안에 각각 드래그해 삽입합니다. ❷ [도형 윤곽선]을 [윤곽선 없음]으로, ❸ [도형 채우기]의 색상값은 **R242/G242/B242**로 설정합니다.

03 두 번째와 세 번째 음료에는 폼밀크를 추가로 표현하겠습니다. ❶ 먼저 [사각형: 둥근 위쪽 모서리□] 도형을 드래그해 삽입합니다. ❷ 노란색 조절점●을 왼쪽으로 드래그하여 모서리 곡률을 조절합니다. ❸ [도형 윤곽선]을 [윤곽선 없음]으로, [도형 채우기]의 색상값은 하얀색 **R255/G255/B255**로 변경합니다. 점 편집 기능을 이용하여 도형을 ❹와 같이 변경합니다.

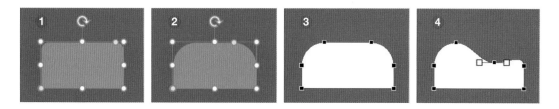

Tip 점 편집 기능은 마우스 오른쪽 버튼으로 도형을 클릭한 후 [점 편집]을 클릭하여 실행합니다.

04 ❶ 거품 모양으로 만든 도형을 두 번째 컵 위에 배치하고 ❷ 하나 더 복제하여 세 번째 컵 위에도 배치합니다.

05 따뜻한 음료 위에 피어나는 김을 표현해보겠습니다. 슬라이드에 [물결◻] 도형을 드래그해서 삽입합니다.

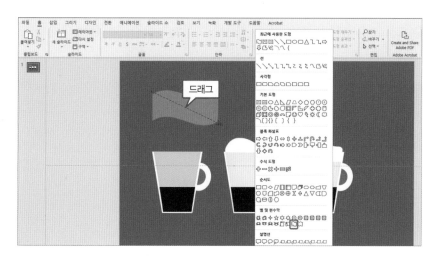

06 ❶ 왼쪽 노란색 조절점●은 아래로, 아래쪽 노란색 조절점●은 왼쪽으로 드래그하여 김 모양을 표현합니다. ❷ 상단 흰색 조절점을 드래그하여 크기를 변경합니다. ❸ 회전 핸들◉을 반시계 방향으로 드래그하여 도형을 회전합니다.

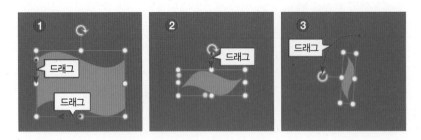

> **Tip** [물결◻] 도형을 삽입하면 두 개의 노란색 조절점●이 나타납니다. 왼쪽에 있는 조절점은 물결 곡률의 높이를, 아래에 있는 조절점은 물결 도형의 좌우 회전을 조절합니다. 예제와 같은 모양을 만들려면 왼쪽의 조절점을 아래로 드래그하고, 아래의 조절점을 왼쪽으로 드래그한 후 높이를 줄입니다. 마지막으로 회전 조절점◉을 반시계 방향으로 드래그해 완성할 수 있습니다.

07 김 모양 도형의 ❶ [도형 윤곽선]을 [윤곽선 없음]으로, ❷ [도형 채우기]의 색상값은 하얀색 **R255/ G255/B255**로 변경합니다. ❸ 김 모양을 복제해서 좌우에 배치하고 크기를 각각 적당히 조절합니다.

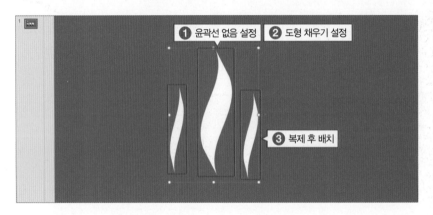

08 김 모양 도형을 ❶ 드래그해 선택하고 ❷ Ctrl + G 를 눌러 그룹으로 묶습니다. ❸ 나머지 컵 도형 위에도 각각 복제해 배치합니다.

09 완성된 커피 재료 도형을 아래 그림과 같이 배치합니다.

STEP 04 | 인포그래픽 배경 꾸미기

01 김 모양 도형을 활용해서 배경을 꾸며보겠습니다. ❶ 도형을 복제하고 슬라이드 오른쪽 위에 배치합니다. ❷ Ctrl + Shift + G 를 눌러 그룹을 해제하고 ❸ 아래 그림과 같이 크기를 조절합니다.

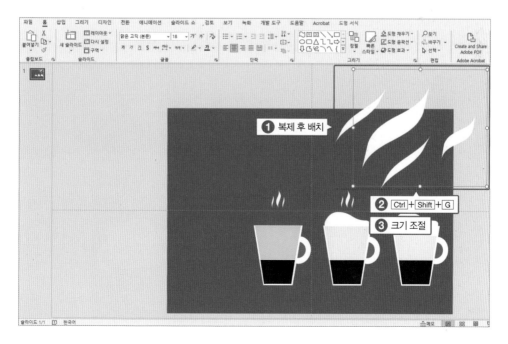

02 복제한 도형은 배경 디자인 요소로 쓸 것이므로 채우기 색과 투명도를 적용해 은은하게 조정합니다. ❶ [도형 채우기]의 색상값은 배경 색상과 유사한 **R73/G89/B157**로, ❷ [투명도]는 **20%**로 변경합니다.

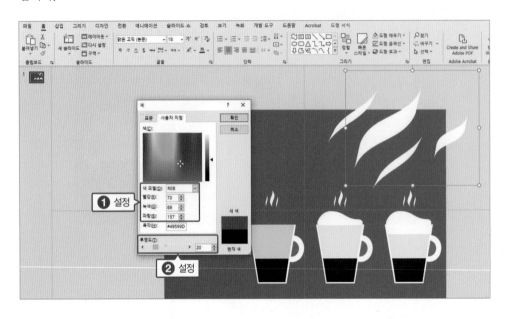

03 슬라이드 영역 밖으로 나간 부분을 삭제하기 위해 도형 개체를 그림으로 변경하겠습니다. ❶ 삽입한 도형이 모두 선택된 상태에서 Ctrl + X 를 눌러 개체를 잘라냅니다. ❷ Ctrl + V 를 눌러 자른 도형을 붙여 넣습니다. ❸ [붙여넣기 옵션 🔲 (Ctrl) ▾]-[그림 🔲]을 클릭합니다.

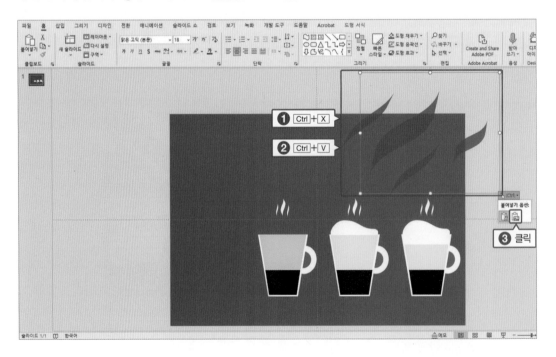

04 ❶ 그림으로 붙여 넣은 이미지는 슬라이드 오른쪽 위에 다시 배치합니다. ❷ 슬라이드 영역 밖으로 나간 부분은 자르기 기능을 활용해 자릅니다.

STEP 05 | 텍스트 입력 및 이미지 삽입하기

01 ❶ 슬라이드에 [텍스트 상자]를 삽입하고 필요한 텍스트를 삽입합니다. ❷ [글꼴 색]의 색상값은 필요에 따라 각각 하얀색 **R255/G255/B255**와 커피 색 **R73/G45/B39**로 설정합니다.

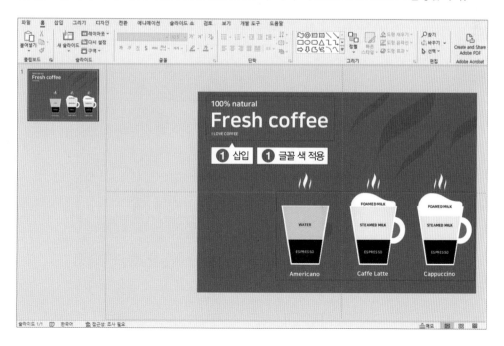

02 ❶ I LOVE COFFEE 텍스트 상자를 클릭하고 ❷ [홈] 탭-[단락] 그룹-[균등 분할▤]을 클릭해 적용합니다.

03 이미지를 배치하여 슬라이드를 꾸며보겠습니다. 예제로 제공되는 **CHAPTER04\img\img 0058.jpg** 이미지를 슬라이드에 삽입합니다.

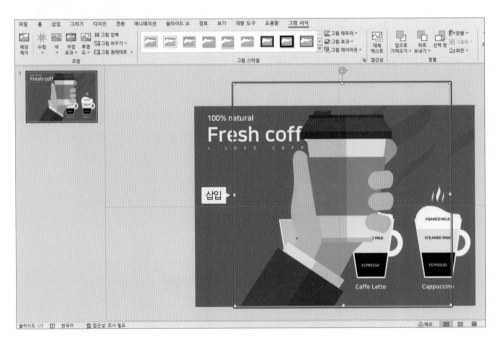

04 ❶ 삽입한 이미지의 크기를 조절해 아래 그림과 같이 배치하고 ❷ 자르기 기능을 이용해 슬라이드 영역 밖으로 빠져나간 불필요한 부분을 자릅니다.

05 삽입한 이미지의 주목도를 낮추기 위해 채도를 조절하겠습니다. 이미지가 선택된 상태에서 [그림 서식] 탭-[조정] 그룹-[색]-[채도: 0%]을 클릭해 흑백 이미지로 바꿉니다.

06 예제로 제공되는 **CHAPTER04\img\img0059.jpg** 이미지를 삽입하여 슬라이드 오른쪽 상단에 배치합니다.

07 ❶ 이미지 크기를 적절하게 조절한 후 ❷ 자르기 기능을 이용해 슬라이드 영역 밖의 불필요한 부분을 자릅니다.

08 손 이미지와 같은 방법으로 삽입한 이미지의 주목도를 낮추기 위해 채도를 조절하겠습니다. 이미지가 선택된 상태에서 [그림 서식] 탭-[조정] 그룹-[색]-[채도: 0%]을 클릭해 흑백 이미지로 바꿉니다.

09 Alt + F9 를 눌러 안내선을 없애고 완성한 인포그래픽 디자인을 확인합니다.

PROJECT
08

행사 진행의 필수품 네임 카드 만들기

행사에 참여하거나 직접 행사를 진행해본 경험이 있을 것입니다. 시 상식, 박람회와 같은 행사에서는 참석자와 운영진을 구분하는 목걸 이형 명찰이 필요합니다. 간단히 A4 용지에 이름만 입력해서 인쇄 하는 경우도 있지만 파워포인트를 사용하여 디자인하면 상황에 따라 수정하기도 쉬운 고급스러운 네임 카드를 디자인할 수 있습니다.

네임 카드 디자인

네임 카드는 행사장이나 회사에서 그 사람의 이름은 물론 직책이나 역할까지 확인할 수 있도록 디자인한 인쇄물을 말합니다. 네임 카드는 행사용 목걸이뿐만 아니라 사원증이나 테이블 태그 등 종류가 매우 다양 하며, 아크릴 등의 케이스에 삽입하여 목적에 맞게 사용할 수 있습니다. 상품 안내, 동선 안내, 홍보물 등 의 인쇄물을 정리하여 배치할 때도 효과적입니다. 따라서 네임 카드를 제작할 때는 어떤 용도로 쓰며 어떤 케이스에 넣을지 파악하여 디자인합니다.

템플릿 디자인 | **네임 카드 디자인**

행사 참석자에게 나눠줄 네임 카드를 디자인합니다. 인쇄하기 쉽게 A4 용지 크기로 만듭니다. 도형을 이용하여 네임 카드 크기를 지정하고 세부 디자인을 진행합니다. 완성한 디자인은 슬라이드 한 장에 여러 개를 배치하여 인쇄한 다음 잘라서 쓸 수 있도록 합니다.

◯ **색상** 메인 색상은 두 가지로 구성합니다. 상단 타이틀을 강조하는 색상과 이름에 쓰는 색상입니다.

도형 색상 [R0/G32/B96], 투명도 [30%]
이름 색상 [R153/G99/B77]

◯ **레이아웃** 시중에 판매하는 네임 카드 케이스 크기에 맞춰 디자인합니다. 슬라이드 크기는 인쇄하기 쉽게 A4 용지로 설정하고, 도형의 너비와 높이를 수치로 입력해 크기를 맞춥니다.

 완성 예시

완성 파일 | 없음

01 슬라이드 크기는 A4 용지 가로 방향으로 설정하고 작업합니다. 도형으로 네임 카드 크기를 지정할 예정이므로 별도의 눈금선이나 안내선 없이 작업합니다. [홈] 탭-[그리기] 그룹의 도형 갤러리에서 [직사각형□] 도형을 슬라이드에 임의로 드래그해 삽입합니다.

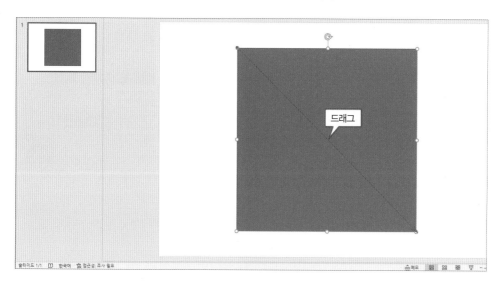

02 직사각형 도형 크기를 네임 카드 규격에 맞춰보겠습니다. ❶ 삽입한 도형을 클릭하고 ❷ [도형 서식] 탭-[크기] 그룹에서 [높이]는 **12.2cm**, [너비]는 **9.5cm**로 설정합니다.

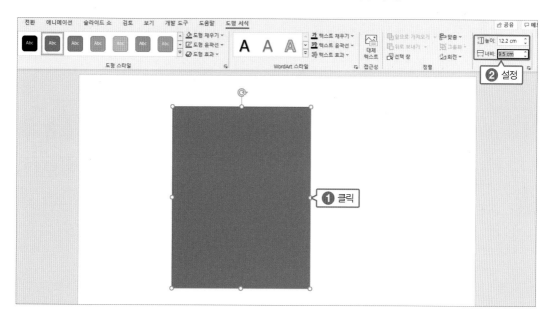

Tip 실제 사용할 제품의 가로와 세로 크기를 직접 자로 측정하여 [높이]와 [너비]에 입력해도 됩니다.

03 인쇄한 후 잘라서 사용할 수 있도록 윤곽선만 남기겠습니다. 삽입한 도형의 ❶ [도형 채우기]는 [채우기 없음]으로 설정합니다. ❷ [홈] 탭-[그리기] 그룹-[도형 윤곽선]-[다른 윤곽선 색]을 클릭하고 ❸ [색] 대화상자에서 색상값을 **R191/G191/B191**로 설정합니다. ❹ [확인]을 클릭합니다.

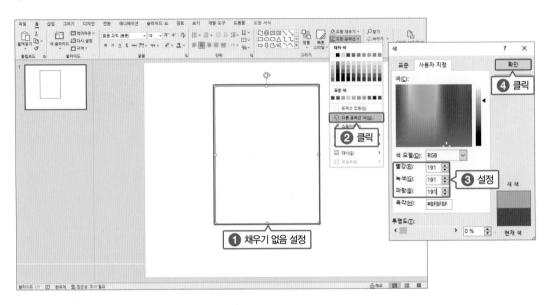

04 삽입한 도형을 슬라이드 정 가운데에 배치하고 작업하겠습니다. 도형이 선택된 상태에서 [홈] 탭-[그리기] 그룹-[정렬]-[맞춤]에서 ❶ [가운데 맞춤圖]과 ❷ [중간 맞춤圃]을 각각 클릭합니다.

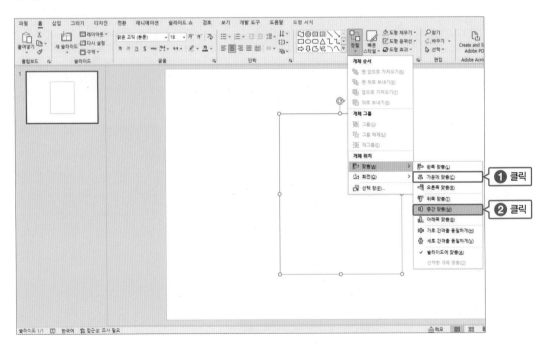

05 행사 이름이 들어갈 영역을 디자인하겠습니다. ❶ [직사각형▭] 도형을 기존 사각형 도형 상단에 드래그해 삽입합니다. ❷ [도형 윤곽선]은 [윤곽선 없음], ❸ [도형 채우기]의 색상값은 **R0/G32/B96**, ❹ [투명도]는 **30%**로 설정합니다. ❺ [확인]을 클릭합니다.

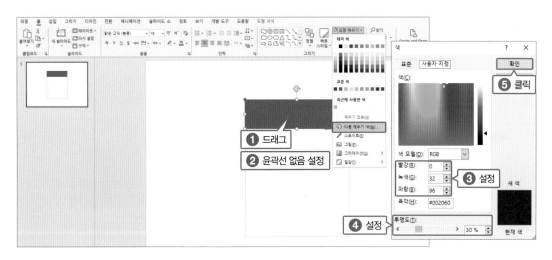

06 채우기 색과 투명도가 적용된 직사각형 도형이 선택된 상태에서 Ctrl + D를 두 번 눌러 두 개를 복제합니다.

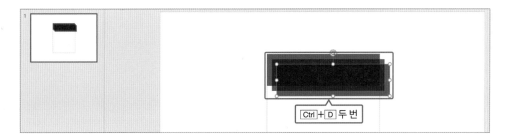

07 투명도가 적용된 세 개의 직사각형 위치를 각각 다르게 조절하고 아래 그림과 같이 겹쳐서 배치합니다. 투명도가 적용되어 겹친 영역이 점점 진하게 표시됩니다.

01 텍스트 입력 영역과 꾸미기 요소를 추가하겠습니다. ❶ [직선☒] 도형을 아래 그림과 같이 삽입합니다. ❷ [도형 윤곽선]의 색상값은 **R153/G99/B77**로 설정하고 ❸ [확인]을 클릭합니다. ❹ Ctrl +D를 눌러 직선을 복제한 후 아래에 배치합니다.

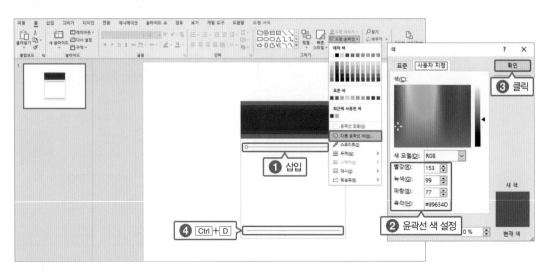

> **Tip** [직선☒]을 삽입할 때 Shift를 누른 상태에서 드래그하면 수직, 수평선을 쉽게 삽입할 수 있습니다.

02 디자인으로 활용할 도형을 배치하겠습니다. ❶ [등호⊟] 도형을 ❷ 슬라이드 영역의 빈 공간에 드래그해서 삽입합니다.

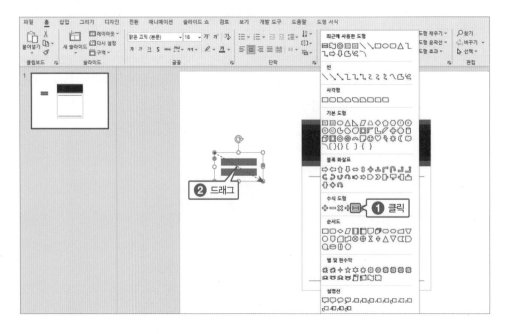

03 ❶ [도형 윤곽선]은 [윤곽선 없음], [도형 채우기]의 색상값은 하얀색 **R255/G255/B255**로 설정한 후 ❷ 회전 조절점 ⟳ 을 드래그해서 다음과 같이 사선으로 배치합니다. ❸ 등호를 두 개 더 복제한 후 ❹ [도형 채우기]의 색상값을 **R153/G99/B77**로 변경합니다.

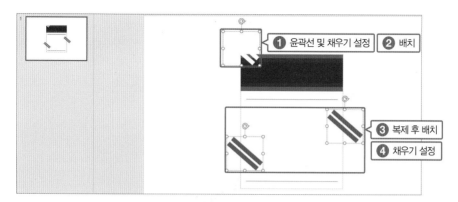

04 네임 카드에 삽입한 도형은 ❶ 잘라내기 후 붙여넣기(Ctrl + X, Ctrl + V) 기능을 사용해 그림으로 변경한 후 네임 카드 밖으로 빠져나간 부분은 ❷ 모두 자르기 기능을 이용해 정리합니다.

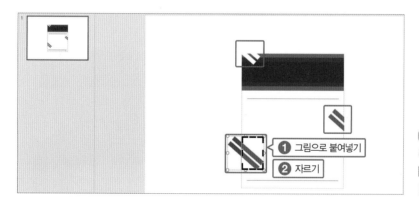

Tip 도형을 그림으로 바꾸려면 붙여 넣은 후 나타나는 [붙여넣기 옵션 🄘(Ctrl)▼] – [그림 🖾]을 클릭합니다.

05 끝으로 타이틀 영역에 [텍스트 상자 🔲]를 삽입한 후 행사 이름을 입력하고 아래에 네임 카드 이름을 입력해 마무리합니다.

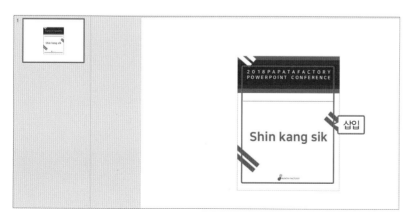

Tip 상단 행사 이름의 [텍스트 상자 🔲]에는 [균등 분할 🔳]을 적용했습니다.

CHAPTER

05

파워포인트
사용 능력
향상하기

———

파워포인트 디자인을 멋지게 완성해도 발표할 때나 자료로 제대로 활용하지 못하면 무용지물이 됩니다. 프레젠테이션용이라면 그 자체로 사용하면 되고, 인쇄용이라면 좀 더 편리하게 활용하기 위해 다양한 파일 형식으로 저장할 줄 알아야 합니다. 이번 CHAPTER에서는 파워포인트로 완성한 디자인으로 멋지게 프레젠테이션하거나 다양한 파일 형식으로 공유하기 위한 몇 가지 기능을 소개합니다.

다양한 방식으로
파워포인트 문서 내보내기

파워포인트 파일을 저장하면 .pptx 파일 형식으로 설정됩니다. pptx 파일 형식은 컴퓨터에 파워포인트가 설치되어 있지 않으면 열 수 없고 폰트가 컴퓨터에 설치되어 있지 않으면 글자가 깨져 보일 수 있는 단점이 있습니다. 이런 경우에 대비해서 PDF나 이미지 등으로 저장해 공유할 수 있습니다.

콘텐츠 변형을 방지하는 내보내기

파워포인트 문서를 공유할 때 완성한 결과를 수정하지 못하게 제한하려면 문서를 PDF나 이미지 파일로 변환하여 공유합니다. 또한 파워포인트 문서를 PDF나 이미지로 변환하여 공유하면 컴퓨터에 파워포인트가 설치되어 있지 않아도 내용을 확인할 수 있어 편리합니다.

◉ **PDF로 내보내기** PDF는 범용적인 문서 공유 파일로, 무료 뷰어를 쉽게 구할 수 있어 결과물을 쉽게 확인할 수 있고 간단한 주석이나 메모 기능을 이용해서 결과물에 대한 의견을 주고받을 수도 있습니다. 무엇보다 파일에 여러 페이지를 포함할 수 있으므로 여러 슬라이드로 구성된 파워포인트 결과물을 공유할 때 사용하면 좋습니다. PDF로 내보내려면 [파일] 탭을 클릭합니다.

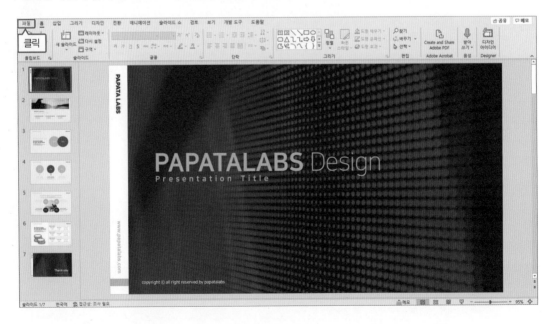

❶ [내보내기]−[PDF/XPS 문서 만들기]를 클릭한 후 ❷ [PDF/XPS 만들기]를 클릭합니다. ❸ [PDF 또는 XPS로 게시] 대화상자에서 PDF 파일을 저장할 경로를 지정하고 ❹ [파일 이름]을 입력한 후 ❺ [게시]를 클릭하면 파워포인트 슬라이드 문서가 PDF 파일로 저장됩니다.

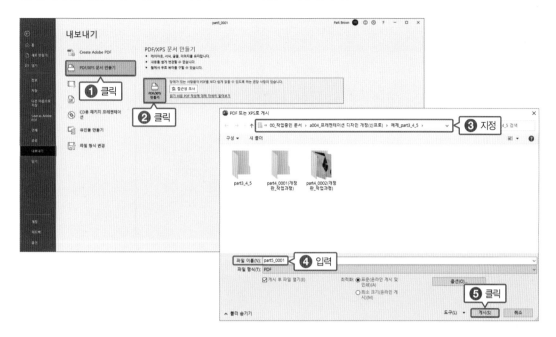

Tip [PDF 또는 XPS로 게시] 대화상자에서 [게시 후 파일 열기]에 체크한 후 [게시]를 클릭하면 저장된 PDF 파일이 바로 열립니다.

Quick Guide PDF로 내보내기

[파일] 탭−[내보내기]−[PDF/XPS 문서 만들기] 클릭 ➡ [PDF/XPS 만들기] 클릭 ➡ [PDF 또는 XPS로 게시] 대화상자에서 원하는 경로, [파일 이름] 지정 후 저장

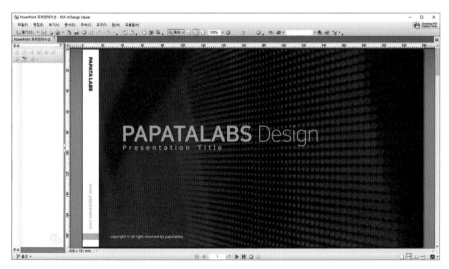

PDF 파일로 저장된 파워포인트 슬라이드

◉ **이미지로 내보내기** 이미지로 내보내는 방법에는 크게 두 가지가 있습니다. 먼저 각 슬라이드의 개체 전체를 이미지로 만들어 내보내는 방법입니다. [파일] 탭을 클릭한 후 ❶ [내보내기]–[파일 형식 변경]을 클릭하고 ❷ [PowerPoint 그림 프레젠테이션]을 클릭합니다. ❸ [다른 이름으로 저장]을 클릭해 저장하면 각 슬라이드가 한 장의 이미지로 변형됩니다. 슬라이드 화면을 클릭해보면 한 장의 이미지인 것을 확인할 수 있습니다.

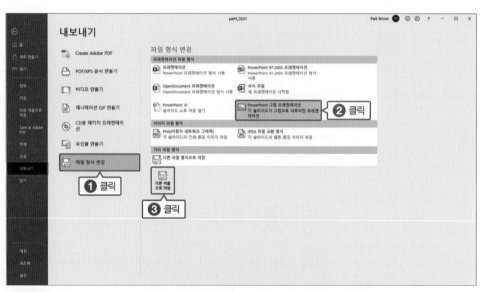

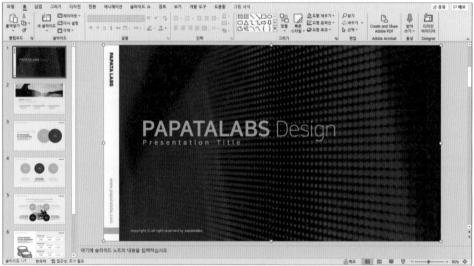

다른 하나는 파워포인트가 없어도 확인할 수 있는 방법으로, 각 슬라이드를 낱장의 이미지로 공유할 때 편리합니다. 완성한 결과물을 SNS나 블로그 등에 업로드하여 공유할 때 특히 유용합니다. ❶ [파일] 탭–[내보내기]–[파일 형식 변경]을 클릭한 후 ❷ [이미지 파일 형식]에서 [PNG]와 [JPEG] 중 원하는 형식을 클릭합니다. ❸ [다른 이름으로 저장]을 클릭합니다.

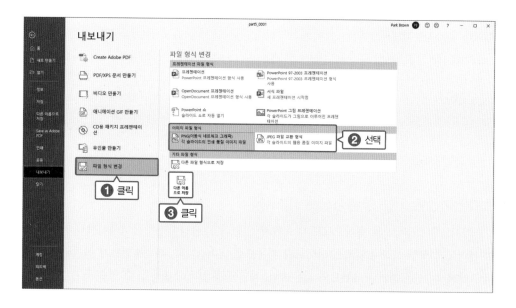

내보낼 슬라이드를 선택하라는 메시지가 나타납니다. [모든 슬라이드]를 클릭하면 모든 슬라이드가 이미지 파일로 저장되고, [현재 슬라이드만]을 클릭하면 현재 선택한 슬라이드만 이미지로 저장됩니다.

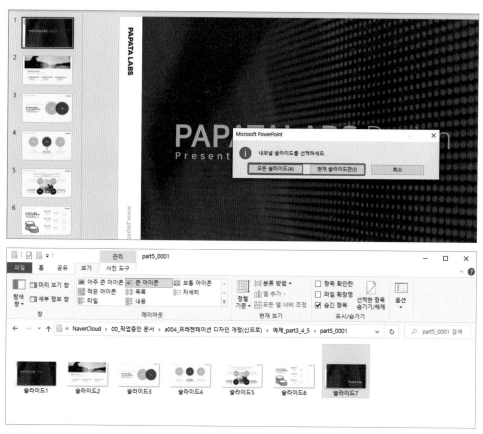

[모든 슬라이드]를 클릭해 이미지 파일로 저장한 슬라이드 파일

자동으로 화면이 전환되는 동영상으로 내보내기

파워포인트 슬라이드를 동영상으로 형식으로도 내보낼 수 있습니다. 슬라이드에 애니메이션과 전환 효과
를 적용하지 않아도 설정한 시간에 맞춰 슬라이드가 자동으로 넘어갑니다. 파워포인트가 설치되어 있지
않은 곳에서 프레젠테이션을 하거나 유튜브와 같은 SNS 채널에 공유할 때 활용할 수 있습니다. 동영상으
로 저장할 때도 [내보내기]를 이용합니다. ❶ [파일] 탭−[내보내기]−[비디오 만들기]를 클릭하면 다양한
옵션이 표시됩니다. ❷ 동영상 품질, ❸ 화면 전환 시간 등을 설정하고 ❹ [비디오 만들기]를 클릭합니다.

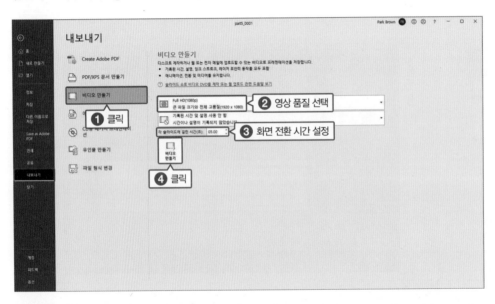

LESSON 02

프레젠테이션을 위한 필수 기능 파악하기

프레젠테이션이 목적이라면 디자인은 물론 프레젠테이션과 관련한 몇 가지 필수 기능도 파악해야 합니다. 프레젠테이션 도중에 실수를 줄일 수 있는 연습 기능과 상황에 따라 분량을 조절할 때 준비한 슬라이드에서 불필요한 부분을 숨길 때 사용하는 숨기기 기능을 살펴보겠습니다.

프레젠테이션 시간을 조절하는 슬라이드 숨기기

준비한 프레젠테이션 자료에 비해 주어진 시간이 부족하다면 발표할 내용을 일부 요약하여 정리하거나 제외해야 합니다. 이때는 준비한 슬라이드 디자인을 삭제하는 것보다 숨기기 기능을 이용하여 프레젠테이션 쇼를 진행할 때 슬라이드를 숨겨 표시되지 않게 하는 게 낫습니다. 삭제해서 지우는 것보다 이후 다시 활용할 때를 대비해 준비한 슬라이드 수를 줄이는 방법입니다. 프레젠테이션 중간에 숨겨야 할 페이지가 있다면 해당 슬라이드에서 [슬라이드 숨기기] 기능을 사용합니다. 숨기기가 적용된 슬라이드는 프레젠테이션 화면에서 보이지 않게 하고 넘어갑니다.

다음과 같이 준비된 슬라이드에서 슬라이드를 숨기고 발표하려면 ❶ 해당 슬라이드를 선택하고 ❷ [슬라이드 쇼] 탭-[설정] 그룹-[슬라이드 숨기기]를 클릭합니다. 숨기기 처리된 슬라이드 번호에는 빗금이 표시됩니다.

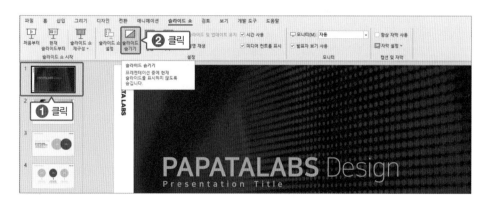

Quick Guide 슬라이드 숨기기

숨길 슬라이드 선택 ➡ [슬라이드 쇼] 탭-[설정] 그룹-[슬라이드 숨기기] 클릭

신프로 특강

단축키로 슬라이드 쇼 실행하기

슬라이드 쇼 기능은 준비한 슬라이드 디자인을 전체 화면으로 표시하여 프레젠테이션을 진행할 때 사용합니다. 자주 사용하는 기능이므로 단축키를 외워두는 것이 좋습니다.

- **슬라이드 쇼 시작하기** `F5`
- **현재 슬라이드부터 슬라이드 쇼 시작하기** `Shift` + `F5`

실수를 예방하는 예행연습

프레젠테이션 내용을 점검하고 발표 시간을 확인하려면 예행연습 기능을 사용합니다. [슬라이드 쇼] 탭-[설정] 그룹-[예행 연습]을 클릭하면 슬라이드 쇼가 시작됩니다.

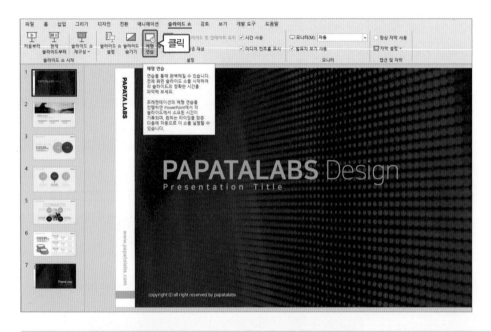

Quick Guide   예행연습 시작하기

[슬라이드 쇼] 탭-[설정] 그룹-[예행 연습] 클릭

슬라이드 쇼가 시작되면 실제 프레젠테이션이라고 생각하고 슬라이드를 넘기면서 발표합니다. 모든 슬라이드가 끝나면 전체 프레젠테이션을 하는 데 걸린 시간이 표시되고, 저장 여부를 묻는 대화상자가 나타납니다. 여기서 [예]를 클릭해서 시간을 저장하면 이후 슬라이드 쇼를 진행할 때 해당 시간에 맞춰 슬라이드가 자동으로 넘어갑니다.

◯ **슬라이드 전환 시간 확인하기** 각 슬라이드별로 소요된 시간을 확인할 때는 [보기] 탭-[프레젠테이션 보기] 그룹-[여러 슬라이드]를 클릭합니다. 각 슬라이드 축소판이 표시되며, 오른쪽 아래에 예행연습 중 소요된 시간이 표시됩니다.

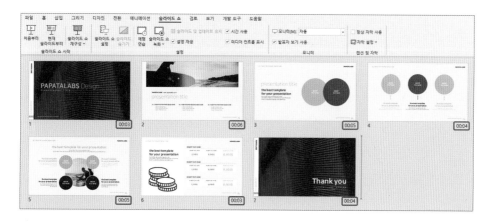

◯ **슬라이드 전환 시간 변경하기** 예행연습으로 자동 설정된 전환 시간을 변경할 수도 있습니다. [전환] 탭-[타이밍] 그룹을 보면 화면 전환 방법으로 [마우스를 클릭할 때]와 [다음 시간 후]가 모두 체크되어 있습니다. 여기서 [다음 시간 후]의 시간을 변경하면 지정한 시간이 지난 후 해당 슬라이드가 넘어갑니다. 이렇게 정확한 시간을 확인하고 프레젠테이션 내용을 수정하는 작업을 거치면 완벽한 프레젠테이션을 진행할 수 있습니다. 내용, 디자인, 발표 이렇게 삼박자를 완벽하게 갖추고 전문가답게 프레젠테이션하기를 기대합니다.

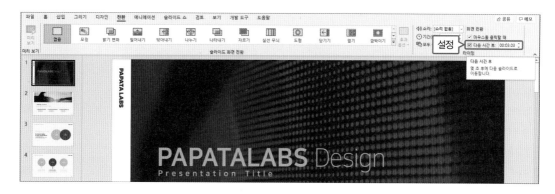